城市品牌
与视觉形象设计研究

黄 莹 著

吉林大学出版社
·长春·

图书在版编目(CIP)数据

城市品牌与视觉形象设计研究 / 黄莹著. -- 长春：吉林大学出版社, 2022.5
ISBN 978-7-5768-0109-5

Ⅰ.①城… Ⅱ.①黄… Ⅲ.①城市管理－品牌战略－研究－中国 Ⅳ.①F299.23

中国版本图书馆CIP数据核字(2022)第138582号

书　　名	城市品牌与视觉形象设计研究
	CHENGSHI PINPAI YU SHIJUE XINGXIANG SHEJI YANJIU
作　　者	黄莹 著
策划编辑	李伟华
责任编辑	朱进
责任校对	李潇潇
装帧设计	左图右书
出版发行	吉林大学出版社
社　　址	长春市人民大街4059号
邮政编码	130021
发行电话	0431-89580028/29/21
网　　址	http://www.jlup.com.cn
电子邮箱	jdcbs@jlu.edu.cn
印　　刷	湖北诚齐印刷股份有限公司
开　　本	787mm×1092mm　1/16
印　　张	12.25
字　　数	190千字
版　　次	2022年5月　第1版
印　　次	2022年5月　第1次
书　　号	ISBN 978-7-5768-0109-5
定　　价	68.00元

版权所有　翻印必究

AUTHOR 作者简介

　　黄莹,1983年生人,女,汉族,硕士学位,2005年本科毕业于西安美术学院设计系视觉传达专业,2008年硕士毕业于西北大学艺术学院视觉传达专业,职称是讲师,现任西北大学艺术学院设计系教师,主要研究方向是品牌形象传播、广告创意、色彩应用。主持"智能时代西安城市品牌传播路径创新研究""基于信息设计理念的西安城市导视系统优化研究""办公用品设计对高校品牌的影响力研究""电影中都市文化表达与城市形象传递的关系研究"等科研项目;主持"'色彩构成'精品在线开放课程"等教学项目;发表多篇与研究领域相关的教学实践和学术论文;作为主要撰写人参与《色彩构成》《图形设计》等教材的编写。

PREFACE 前言

　　随着经济和科技的发展，全球经济呈现一体化的大趋势，从而使得生产投资、贸易和消费等日益全球化。在这种大背景下，城市之间的竞争日趋激烈，为了更好地吸引投资、扩大贸易和消费，提高城市生活水平和城市竞争力，在继产品品牌、服务品牌、企业品牌和区域品牌后，城市品牌也随着城市竞争的加剧，城市经营和城市营销理念的流行而提出来，国内外各个城市纷纷加入打造城市品牌的大潮之中。城市品牌不但能够将不同城市区分开来，便于投资者和旅游者等的识别，而且代表着城市独特的个性和独特的城市形象，在各种相关机构和群体中留下独特的印象，更重要的是，城市品牌代表着城市的口碑，是城市知名度和美誉度的象征，这一切都与城市竞争力和城市的竞争优势息息相关。

　　在市场经济的背景下，城市之间的竞争已日趋激烈，其程度不亚于任何一场商业竞争。城市形象定位体现了城市品牌传播的重要性，城市品牌是推动城市营销的主要途径之一，建立和提升城市的品牌已经成为城市管理者不可忽视的问题。城市品牌最直接的视觉体现就是形象标志和一系列的视觉规范，欧美国家在20世纪80年代开始关注城市视觉形象设计，近年来，我国也开始逐渐意识到城市视觉形象设计对地方区域发展的重要性。然而，我国的城市视觉形象设计却很少能持续保持活力，即使是设计大师的作品或是在设计界引起轰动的作品，大多数也逐渐被人们淡忘，最终销声匿迹。从设计的层面进行探究，我国的城市视觉形象设计缺乏从品牌活化的角度来进行思考可能是其失败的最重要原因。

现如今，视觉倾向已经成为信息时代发展的必然选择和趋势。城市视觉形象设计作为城市发展战略的重要组成部分，许多城市将其纳入城市发展规划。它可以唤起市民的自信心和自豪感，创造良好的社会氛围，增强城市的凝聚力，也可以提高城市的知名度、影响力和对外吸引力，并且推动城市品牌的扩展，加快社会经济发展的速度。

目录

第一章 城市品牌的概述 ······001
- 第一节 品牌的作用及重要性 ······003
- 第二节 城市品牌的概念及评价标准 ······008
- 第三节 城市品牌的影响因素 ······011
- 第四节 城市品牌的塑造方法 ······019
- 第五节 城市品牌的定位策略 ······037

第二章 城市品牌的构成要素 ······056
- 第一节 城市品牌的符号 ······056
- 第二节 城市品牌的形象 ······062
- 第三节 城市品牌的传播 ······068
- 第四节 城市品牌的指标体系 ······076

第三章 企业识别系统与城市品牌的塑造 ······079
- 第一节 企业识别系统（CI）概述 ······079
- 第二节 CI与城市品牌的关系 ······086
- 第三节 CI在城市品牌塑造中的应用 ······089

第四章 城市品牌的实践规划 ······093
- 第一节 城市品牌实践问题的理论分析 ······093
- 第二节 以人为本的城市品牌观 ······098
- 第三节 对城市品牌实践的创新 ······103

第五章 城市文化与城市品牌形象 ······118
- 第一节 城市文化的重大意义 ······118
- 第二节 城市文化与城市品牌形象的关系 ······124
- 第三节 城市文化在城市品牌形象视觉设计中的作用 ······126

第六章 视觉符号与城市品牌形象设计 130
  第一节 城市视觉符号的概念与特征 130
  第二节 视觉符号与城市品牌形象的关系 139
  第三节 视觉符号在城市品牌形象设计中的应用 141

第七章 城市品牌塑造与视觉形象设计的规划策略与路径 145
  第一节 城市视觉形象的现状分析 145
  第二节 城市视觉形象设计的发展态势与未来展望 154
  第三节 城市品牌形象塑造的规划策略 157
  第四节 视觉形象设计中城市品牌形象塑造的路径 168

参考文献 185

第一章 城市品牌的概述

曼纽尔·卡斯特尔指出,我们居住在都市世界中。地球上超过一半的人口现在住在都市地区,联合国组织的预测指出未来三十年中,这个比例将达到三分之二。随着社会与经济的发展、科技的进步,城市越来越成为人们的主要生存场所,城市与城市之间的交流及竞争也变得日益频繁与激烈。在城市竞争的初期,城市规模、建筑设计以及经济总量等方面是主要指标。但进入21世纪以来,城市形象的塑造以及由城市形象所提升的城市竞争力成为更为重要的战略手段。其中,"城市品牌"的打造与传播无疑是城市竞争力的新策略,也是各种城市研究中的关注焦点。如何进行品牌价值挖掘、品牌形象传承、品牌推广,是现代城市发展过程中需要解决的问题。

在研究"城市品牌"之前,有必要厘清"城市"的概念。总体上看,"城市"包括城市人口、城市规模、城市功能等方面的内容。根据胡晓云等专家的研究,城市是人类在一定区域内的聚落形态,该区域以国家按行政建制设立的直辖市、市、镇或其他相应的行政区划作为划分。对城市品牌而言,城市人口起算点应该是一个相对较为模糊的标准,根据各国及各地区的实际情况不同可以有一定的浮动,但一个可以作为城市概念来创建城市品牌的区域,应该具备以下几个方面的指标。

第一,该城市需要有一定的人口密度。人口密度是城市与乡村区别的主要依据,城市通常拥有较大的人口密度。在城市品牌创建过程中,城市的人口密度以能够满足城市基本的劳动力和消费能力需求为前提,以对潜在城市居民的吸引力为主导。若无法达到相当的水平,一个城市即使通过传播吸引了目标消费者的注意,也会因为城市中劳动力的缺乏和产业规模效应不足等原因,无法为消费者提供其所需的城市"产品"。

第二,在该城市中,城市人口需要占50%以上的比例。这一标准对于不存在户籍制度的其他国家来说,相当于第二、三产业在该城市的收入中所占的比重需要占到较大比例。工业化是城市化的重要内容,第二、三产业的发展保证了城市对大量劳动力的需求以及城市品牌建设所需服务业等相关产业的发展。当然,随着现代农业、农业产业化,非城市人口的城市化趋势在增加,各个产业之间的分工合作、形成现代产业链条的有序性会使城市在工业化之后达到真正的城市化。

第三,城市在区划上是一个行政概念,它紧紧依托着地区、国家等更大的范畴而存在,同时也包含了社区、街道等较小的行政区划范围。因此作为城市品牌的基础——城市,是全球整体中的一部分,并应纳入国家这一完整的体系中去考察。城市品牌建设过程中,应将地区、国家作为城市品牌建设的依托,同时,充分发挥城市中的社区、街道等行政单元在城市品牌建设中的基础作用,以系统的协同观念建设城市品牌,展开城市品牌的管理工作。胡晓云等专家建议将城市品牌作为国家形象的一部分进行综合考虑,也不失为一种合理的思路。

城市的地理区域使得城市拥有可识别的外部表征,即道路、街区、建筑等;城市的行政区划使得城市拥有集中的权力及社会分层;城市的功能划分使得城市能够为人们提供生产、消费及社交的空间与渠道。城市的这三个概念将成为城市品牌塑造过程中的重要依据。

品牌是一个商业概念,主要针对某种产品和服务而言,是营销的重要手段。但作为一个地理空间的城市是否能够成为品牌的载体,或者说一座城市是否能够拥有品牌并进行传播推广,是首先需要考虑的问题。凯文·莱恩·凯勒教授在其著作《战略品牌管理》一书中,曾对城市品牌进行过相关论述。"像产品和人一样,地理位置或某一空间区域也可以成为品牌。"由此,城市品牌的提法便有了可参考的依据。从已有的关于城市品牌的研究成果看,关于城市品牌的定义众说纷纭。根据胡晓云等人的整理,可分为称谓与识别类、综合特色类、消费者工具类、承诺类和附加值类城市品牌定义。之所以城市品牌有着如此众多的含义阐释,是因为研究者针对不同的研究领域而得出。而本研究着重关注城市品牌要素的构成及其传播推广方式,因此,城市品牌的定位如何在同类城市中进行品牌识别、如何建立城市品牌与受众之间的关系等内容是需要重点把握的。综合已有的研究以及本研究的侧重点,笔者在这里强调城市品牌概念中城市的主体性,即是说任何城市品牌的塑造都离不开以具体的城市实体作为基础,城市的地理、文化、历史特征等是城市品牌塑造的重要参考,此外,通过各种形式传播的城市形象等均属于城市品牌的组成部分。城市品牌必须具有独特性，无论是符号还是内涵的阐释都应与其他城市区分开来，而且品牌的确立不是随意而为的，必须经过权威部门的论证，并通过各种手段进行强化以形成市场共识。另一方面，城市品牌需要建立其城市与公众之间的密切关系，即城市品牌并非一个孤立的存在，它应当从城市的现实及发展趋势中去寻求，并体现城市主体以及利益相关者（包括公众）的共同意志，而非某种强加或者生造的概念。城市品牌的建设是城市在发展过程中结合其城市特点、营销需求等方面，通过各种积极的创造性的手段所进行的形象塑造、符号提炼及评估推介等一系列步骤的系统工程。

第一节 品牌的作用及重要性

一、品牌的内涵

品牌名称、标识等外在元素只是用来识别不同品牌来自不同的生产者，真正让消费者动心的是品牌内在的与众不同的气质、个性和形象，它们能够与消费者产生高度的共鸣。如苹果品牌不只是产品上的名称和标记，更是苹果品牌能在消费者心中唤起的对该品牌产品的一切美好印象之和。这些印象既包含有形的，也包含无形的，包括社会的、心理的效应。

（一）品牌内涵要素

品牌内涵除了向消费者传递品牌的属性和利益外，更重要的是它向消费者传递的品牌价值、品牌个性及在此基础上所形成的品牌文化。品牌属性、品牌利益、品牌价值、品牌使用者、品牌个性及品牌文化这六种要素共同构成了品牌的内涵。美国著名营销学家科特勒以德国名牌 Mercedes 轿车为例，说明这六者是紧密联系的统一体。

品牌属性是指品牌产品在性能、质量、技术、定价等方面的独特之处，如德国 Mercedes 轿车的特色是高性能（耐用）、高质量（制作精良）、高技术（技术精湛）和高定价（昂贵）。品牌利益是指品牌产品给用户带来的好处和用户在使用过程中所获得的满足，例如，Mercedes 轿车的用户从车价的昂贵上获得尊重需要的满足，从车的制作精良上获得安全需要的满足，而从车的耐用上节约换新车的成本。品牌价值是指品牌生产者所追求和评估的产品品质,如 Mercedes 轿车的价值评估是高性能、安全和高声誉。品牌文化是指品牌背景中的精神层面,通常体现品牌所属的国家文化或民族文化,如 Mercedes 轿车体现了德国人讲求严密组织性、效率和质量的精神。品牌个性是指品牌形象人格化后所具有的个性,如 Mercedes 轿车的形象个性是知趣、不啰嗦的人。品牌使用者是指品牌所指向的用户种类或目标市场细分,如 Mercedes 轿车的一个主要目标市场细分是年龄偏大的资深高管人员。

(二)品牌心理暗示

在产品日益同质化的时代,产品的物理属性已经相差无几,唯有品牌给人的心理暗示不同,它可以满足消费者不同的情感和精神寄托。

1.品牌是一种保证

对于陌生的事物,消费者不会轻易去冒险。对于品牌和非品牌的产品,消费者更愿意选择有品牌的产品,因为品牌给消费者以信心和保证。比如说 NBA 比赛中,如果是詹姆斯出场,我们会更愿意观看,因为我们相信,有詹姆斯出场,这场球赛一定会很精彩。在这里,詹姆斯就是品牌,就是保证和信心。

2.品牌是一种象征

它是个性的展现和身份的象征,使用什么样的品牌,基本上可以表明你是个怎样的消费者。同样是牛仔服饰,穿万宝路牌,表示你很有男子气概;穿李维斯牌,则表示你是个自由、反叛、有性格的人。

3.品牌是一种制约

在某些领域,市场局势已经尘埃落定,强势品牌已经形成,这时留给后来者的市场空间将是非常小的。而在没有形成强势品牌的领域,竞争者将面临大好的市场机会,受到的制约相对较小,有时不需高难动作便可坐拥天下。

4.品牌是一种契约

这种契约不是写在纸上的,而是存在于人们的心中。品牌向天下人承诺:我是优秀的,我是值得信赖的,选择我就选择了放心。而一旦它违背了自己的承诺,那么,它在人们的心中等于已经毁约,人们将感到受欺骗而从此不再相信它。

5.品牌是一种经验

在物质生活日益丰富的今天,同类产品多达成百上千种,消费者根本不可能逐一去了解,只有凭借过去的经验或别人的经验。因为消费者相信,如果在一棵果树上摘下一颗果子是甜的,那么这棵树上的另一颗果子也是甜的。这就是品牌的"果子效应"。

二、品牌的作用

(一)对企业的作用

品牌知名度形成后,企业可利用品牌优势扩大市场,促成消费者对于品牌的忠诚。还有助于稳定产品的价格,降低价格弹性,增强对动态市场的适应性,降低未来的经营风险。除此之外,还可借助成功或成名的品牌,扩大企业的产品组合或延伸产品线,采用现有的知名品牌,利用其知名度或美誉度推出新品;有利于新产品的开发,同时降低新产品进入市场的门槛,节约费用。品牌有利于把本公司产品与其他同类品牌区分开来,增强竞争力,保持市场优势,同时能够帮助企业培养目标消费者的忠诚度。

(二)对消费者的作用

品牌作为一种信号,有助于消费者识别产品的来源或产品的制造厂家,更有效地选择或购买商品[①]。品牌作为一种承诺和保证,有利于消费者权益的保护,例如,选购时避免上当受骗,出现问题时便于索赔和更换等。品牌实质上代表着卖方交付给买方的产品特征、利益和服务的一贯性的承诺。在这种情况下,品牌有助于消费者避免购买风险,降低购买成本,从而更有利于消费者选购商品。品牌作为消费者的自我延伸,有助于对消费者形成较强的吸引力,进一步形成品牌偏好,最终满足消费者的精神需求。

(三)对竞争者的作用

从竞争的角度来看,企业可采用"品牌补缺"战略占领一部分市场,从而获取利润。因为无论竞争对手的品牌系统或产品组合多深多广,都很难满足所有消费者的需求。所以说没有饱和的市场,只有未被发现的市场。

---

① 谭新政,褚俊.企业品牌评价与企业文化建设研究报告[J].商品与质量,2012(28):7-30.

在竞争日益激烈的市场上,企业可以不间断地推出相对应的产品品牌进行反击。品牌也许不是万能的,有些企业可不做品牌而做销售。因为开发市场需要多种因素的组合,例如,消费者对某些产品购买介入程度不深,对产品品牌抱着一种无所谓的态度,也就是说消费者对某类产品的品牌不敏感,但他们可能是价格敏感者或从众者,或质量和功能敏感者。企业只要抓住一点或几点,就可以吸引一部分消费者。

三、名牌效应

名牌是指知名品牌或强势品牌,我们研究品牌,正是为了帮助企业创立名牌,利用名牌,希望通过对名牌的研究,让人们充分意识到名牌的作用,形成名牌意识。名牌的巨大作用是它的名牌效应,名牌以此为基点,带领着产品、企业甚至社会的进步和发展。名牌作为企业资产,在市场开拓、资本扩张、人员内聚等方面给企业带来影响,使企业拥有成功的法宝。

(一)聚合效应

企业及其产品成了名牌,不仅可获得较高的社会效益和较好的经济效益,而且可以利用品牌资本使企业不断发展壮大。名牌企业或产品在资源方面会获得社会的认可,由此社会的资本、人才、管理经验甚至政策都会倾向于名牌企业或产品。名牌企业会稳固自己的实力,并通过加强与供应商、后续企业的关系,通过资本运营聚合社会资源,使企业更进一步扩大,产生规模效益。这样的企业聚合了人、财、物等资源,形成并很好地发挥了名牌的聚合效应。

(二)光环效应

名牌企业或产品作为同行业中的佼佼者,会自带一道美丽的光环,在这美丽光环的照耀下,企业或产品会得到正面的经济效应。这种名牌的名气和声誉会对消费者、政府、合作者及其他社会公众产生一种亲和力、吸引力及认同感。消费者会慕名而来,购买使用名牌产品,也会由此及彼、爱屋及乌,选购企业的其他产品,享受企业的其他服务;政府会因名牌企业或产品而给予支持、爱护,促使名牌的实力得到加强;合作者看到名牌的效应,也会与企业加强合作,建立起良好的关系;而对于社会其他公众来说,也会较关心名牌、谈论名牌、推荐名牌,牌企给名牌创造更佳的成长环境。

(三)裂变效应

当品牌发展到一定阶段后,它积累、聚合的各类社会资源及营销力量、管理经验就会产生裂变,不断衍生出新的产品、新的服务。裂变效应在名牌的聚合效应下使企业积蓄力量,成长壮大,在名牌的光环效应下使企业有效地发展,有利于开拓市场,占有市场,形成新的名牌。例如,海尔集团首先在冰箱领域创出佳绩,成为知名企业、知名品牌后,才逐步将其聚合的资本、技术、管理经验等延伸到空调、洗衣机、彩电等业务领域,并在新领域取得了令人满意的成果。接着,海尔又乘着网络、信息业发展的东风,把业务拓展到了计算机、手机等信息产品上,并致力于使家电信息化、智能化。名牌的裂变效应在企业顺利聚集了各种力量,达到裂变效果时就能产生裂变功能,否则,就不会产生积极良好的效果,有时反而会使企业陷入困境,不能自拔。对于名牌裂变效应要把握裂变的方式、时机等。

(四)带动效应

名牌的带动效应是指名牌产品对企业发展的拉动,名牌企业对城市经济、地区经济甚至国家经济的带动作用。名牌的带动效应也可称作"龙头效应",名牌产品或企业像龙头一样带动着企业的发展和地区经济的增长。一个企业有了名牌产品,就可能优化企业内部资源,使资源充分利用,发挥最大的效用,同时积蓄力量、积累经验,从而在时机成熟时衍生、创造出更多的名牌来,由此使企业不断成长壮大。企业之间有两种关系:一种是竞争关系,另一种是合作关系。名牌企业与同行业企业进行竞争,兼并收购了一些竞争对手,使自己壮大;同时,也促使一些对手在相互竞争中为了不被吃掉,反而生存下来、发展起来。名牌企业与竞争对手在一定条件下也会相互合作,共同促进企业发展。名牌企业的拉动作用除了上述表现,最重要的是对它相关企业、行业的带动,一个名牌企业很容易成为支柱企业,带动相关企业、相关行业飞速发展,从而对城市经济、地区经济、国家经济产生拉动作用。

第二节 城市品牌的概念及评价标准

城市品牌是城市有目的地作用于受众的精神,以及心理层面的所有方法、手段的整合,而社会、经济、环境、政府等城市战略,则在不同角度、不同层面建设城市的可持续发展环境以及物质财富,与品牌战略的紧密结合构成城市发展战略。城市品牌塑造的丰富内涵,意味着需要将城市的品牌定位、品牌核心价值贯彻到城市建设与发展的各个方面。[①]

市政建设、基础设施建设、市容市貌的管理、环境保护的措施、旅游产业的发展、城市文化的树立、支柱产业和名优企业的培育等,都需要城市品牌战略的指导,需要通过城市最高管理层对资源进行整合,对部门进行协调。毋庸置疑,随着城市间竞争的日益激烈,塑造城市品牌必将成为我国城市可持续发展的关键。

一、城市品牌提出的背景

自工业革命以来,世界城市化进程不断加快,城市化水平已从20世纪初的12%达到20世纪末的50%以上,经济发达国家更高达70%~90%。在1848年,中国和美国的城市化水平都在10%左右,可是,100年后的1949年,中国的城市化水平仍然维持在10%左右,而美国的城市化已接近70%。到2002年,美国已经完成了城市化过程,其城市化水平超过了90%,整个社会进入后工业化意义上的郊区化阶段。

随着中国城市化发展进程的加快,城市正在成为现代社会发展的中心。当今世界最活跃的生产力总是集中于城市,然后再逐渐向乡村转移,可以说,城市的发展对于整个经济和社会的发展起着龙头作用。

21世纪,中国的城市化趋势可以概括为:大城市、特大城市持续发展;由多中心城市带动的区域城市群(带)发展迅速;中等城市呈崛起发展态势;小城镇与城市一体化同步发展;大城市第三产业将上升为支撑国民经济的主导产业;中小城市,特别是小城镇,还将继续进行工业化,而且以劳动密集型传统制造业为主。

---
① 张燚,张锐.城市品牌论[J].管理学报,2006(04):468-476.

城市现代化是城市化的延伸和升华,是城市化发展的高级形态,目前它已成为一些经济较发达地区追求的目标。城市化过程,不仅是农村人口进入城市的过程,也是城市的文化、科技、信息向农村扩散的过程。要使城市的文化品位得到提升,必须从大处着眼,细节着手,突出城市特色。

二、城市品牌的概念

正如人们对品牌的理解千差万别一样,实践界和学术界对城市品牌的认识也是仁者见仁,智者见智。

通过对城市品牌研究和实践现状的广泛整理,笔者尝试给予如下定义:所谓城市品牌,是指城市建设者分析、提炼、整合所属城市具有的独特的(地理、人造自然)要素禀赋、历史文化沉淀、产业优势等差异化品牌要素,并向城市利益相关者提供持续的、值得信赖的、有关联的个性化承诺,以提高城市利益相关者对城市的认同效应和满意度,增强城市的聚集效应、规模效应和辐射效应。城市品牌是城市管理者需要悉心经营和培育的最重要的无形资产,它所带来的持久品牌价值和品牌力,将创造出远高于资本成本的收益,并给这座城市和利益相关者带来无限的发展机会。

从城市品牌的概念上看,城市品牌塑造的目标,就是要与利益相关者群体建立和谐的关系,使良好的城市形象根植于利益相关者的内心和想法中。但是,要实现这个目标必须依赖于城市环境的改善、支持性品牌的培育和特色资源的充分发掘。

城市品牌的形成,主要包括以下四个组成要素:良好的利益相关者关系,良好的城市环境系统,著名产业、企业、个人和景点等支持性品牌,富有特色的城市资源开发与利用。这四个方面涵盖了城市建设与发展的所有方面,也为城市建设提出了具体目标和要求。

城市品牌是城市各级政府部门、各级组织部门和广大市民一道,通过城市软件环境建设、城市硬件环境建设、城市内部品牌塑造、城市整合传播与宣传等,作用于城市居民、求学者、消费者、游客、内外部投资者、经济学家、上级政府官员、工作者、城市竞争与合作者、外部观者等利益相关者,使他们对城市产生满意感和愉悦感,从而逐步树立起城市美誉度,城市品牌由此得以形成。

三、城市品牌的实质

"品牌"作为城市核心竞争力的集中体现,也可以看作是一种系统,即"城市品牌系统",它是一个由城市品牌与全体受众(即利益相关者,比如,市民、政府机构工作人员、投资者、游客、上级部门、工作者、周边城市、外部观者等);城市品牌与城市内部品牌(比如,知名产业品牌、知名企业或组织品牌、著名人物品牌、城市景点品牌等);城市品牌与城市资源(比如,城市历史与现状、地理位置、气候等),城市品牌与城市环境(比如,城市政策法律环境、经济与商业环境、社会与文化环境、技术环境和自然生态环境等)等构成的关系系统。城市品牌塑造是一项庞大的系统工程,涉及政治、经济、社会、环境等诸多方面,而各个因素又都包含若干子系统,需要系统规划。

城市品牌的"名牌效应"实质就是使城市的利益相关者,在选择城市投资、旅游、居住、工作或学习时,对著名城市更偏爱、更感兴趣,著名城市也更能吸引愈来愈多的名人前来定居,使人们产生愉悦感、信赖感、可靠感和安全感,其地位一旦在人们心中确立,就能够保持长久的相对稳定性。人们对名牌城市的关注、信任与忠诚感,是社会公众普遍存在的一种心理现象。

城市品牌的塑造过程,一般要经历"城市品牌定位→城市品牌知名度的提升→城市品牌美誉度的提升→著名城市品牌塑造"的全过程。一个真正的城市品牌应该是一座城市的整体努力,即从所有利益相关者关系的培育、内部品牌塑造、城市资源开发和城市环境系统整治等全方位出发的事业,绝非仅仅停留在"城市营销""城市形象"等层面上。当我们面对城市品牌决策时,必须要从一个更加宏观的高度来考虑问题,即需要将城市品牌定位、品牌核心价值等贯彻到城市建设与发展的各个方面。可以说,城市品牌的美誉度和知名度的提升过程,实际上,就是一座城市全面发展的过程,即城市的全面发展推动城市品牌度的提升;反过来,城市品牌度的提高又会促进和带动城市各项事业的全面发展,二者相辅相成。

四、城市品牌的评价标准

整体和谐是城市品牌的基础。传统城市的目标是以经济建设为主导。现在,随着科学发展观、"和谐社会"、利益相关者、平衡计分卡、和谐管理等理论的相继提出和推行,城市的目标开始扩展为两大类,即好的经济和好的社会。根据 Kotler Jatusripitak 和 Maesincee 的理论观点,城市的目标应该是在追求"好的经济、好的社会和好的政治体制"之间寻求平衡,因为它们之间的关系通常是相互牵制和交替变换的。

根据上述基本认识,笔者在补充、扩展和整合的基础上,建构了一个以城市目标为基准的城市品牌要素指标体系。

借鉴赫茨伯格的双因素激励理论,笔者把上述城市品牌要素指标分为两类,一是激励性要素指标,二是保健性要素指标。

激励性要素指标是指能对城市利益相关者带来积极态度、较多的认同感、满意感和激励作用的因素。保健性要素指标是指能使城市利益相关者对城市感到不满意,从而产生不良城市形象认识和反应的要素指标。如CCTV城市中国组委会确定了活力城市最主要的评选标准,包括12项客观指标和12项主观指标。具体指标分述如下。

客观评价指标,包括当年人均GDP及三年平均增长率;当年人均财政收入及三年平均增长率;当年人均可支配收入及三年平均增长率;当年规模企业利润总额及三年平均增长率;当年工业企业数量及增长率;当年出口额;当年实际利用外资率;社会类暂住人口占常住人口比例;科教文卫事业费在GDP中所占比例及三年平均增长率;当年社会保障率;可持续类当年三废达标率;人均绿地面积。

主观评价指标,包括城市的开放程度;城市的富裕程度;城市未来的成长空间;城市的知名度、美誉度;城市在区域或某些经济领域的中心地位;城市在发展经济方面的引导和示范作用;城市特色鲜明程度;生活环境舒适程度;保护与发展协调程度;城市对人才的吸引力;城市发展战略的前瞻性和科学性;城市资源的可持续性。

城市中国组委会根据上述指标,从全国280个地级市中评选出20个提名城市,分别评出年度城市特别大奖、中国十大最具经济活力城市,以及"农民工满意奖""企业家满意奖""应急反应表现奖""市民满意奖"四个单项奖。

第三节 城市品牌的影响因素

国外最先提出城市形象的是凯文·林奇,他在1960年就出版了专著

《城市形态》,认为城市形象主要构成要素包括路、边、区、节点、标示等方面,并强调,城市形象是通过人的综合"感受"而获得的。[①]

Keller提出"一座城市可以被品牌化"的思想。他认为,城市品牌化的力量就是让人们了解和知道某一区域,并将某种形象和联想与这座城市的存在自然联系在一起,让它的精神融入城市的每一座建筑之中,让竞争与生命和这个城市共存。

由于城市品牌在我国还是一个新生事物,无论是理论研究还是实践,都存在不少误区。主要表现在:把城市视觉形象当品牌来运作,城市品牌概念被虚拟化、空壳化;城市品牌系统化、表现化不力;城市品牌的理念和操作方式不明确;城市品牌缺乏文化内涵等。

也有学者和城市经营者认为:宣传城市就是建立城市品牌,名城就是城市品牌;城市形象工程就是建设城市品牌;城市战略规划就是城市品牌战略规划;城市品牌塑造只是城市宣传部门的事情等。

由于缺乏对城市品牌本质的深刻理解,导致城市品牌塑造,仅停留在表面的宣传和外塑形象上。

实际上,城市品牌战略就是城市有目的地作用于受众的精神及其心理层面的所有方法、手段的整合,而社会、经济、自然、政府等城市环境建设,则在不同角度、不同层面实现城市的可持续发展,与城市品牌战略的紧密结合构成城市发展战略,形成城市的核心竞争力。城市品牌塑造的丰富内涵,意味着需要将城市的品牌定位、核心价值贯彻到城市建设与发展的各个方面。市政建设、基础设施建设、市容市貌的管理、环境保护的措施、旅游产业的发展、城市文化的树立、支柱产业和名优企业的培育等,都需要城市品牌战略的指导,需要通过城市最高管理层对资源进行整合,对部门进行协调等。

为此,本部分将通过分析城市品牌塑造的"主、客体"因素及其对城市品牌塑造的影响,探讨"主、客体"要素间的互动关系,以揭示城市品牌塑造的本质,从而为城市品牌理论发展和塑造实践提供启发。

一、影响城市品牌塑造的主体要素分析

(一)满足投资、经商、赚钱机会的城市经济发展要素

城市经济发展要素主要包括开放程度、经济发展水平、赚钱机会、投资

[①]董晓峰. 城市形象研究的兴起[J]. 西北史地,1999(03):5-8.

环境等。它表明城市经济发展和资源,能在多大程度上对城市品牌塑造产生有力的支持;它说明城市经济的活力状况,反映城市的资本增值能力,对于投资者(含从业人员)来说,城市品牌的影响力,很大程度上由它体现;它反映城市产业分布状况,为投资者提供投资方向的参考。它主要体现在城市经济发展政策、产业结构与产业发展战略等方面。

城市经济发展因素是任何城市政府进行城市品牌塑造必须做出选择的"主体"要素之一,即它需要城市政府根据城市特有的区位、资源、特色、已有基础等条件,进行城市经济发展目标定位、产业结构选择与重点产业发展定位。一旦确定了产业定位,城市政府就应着力优化相关政策环境,使之具有对特定利益相关者的强烈吸引力。城市经济发展水平,也反映了城市居民生活的富裕程度,是影响城市品牌形象的重要因素之一。

(二)满足城市居民学习、生活、工作的城市功能要素

城市功能环境要素主要包括各窗口单位的服务质量、居住环境、学习环境、工作环境、休闲环境、生活设施状况等。它反映市民安居乐业的程度和城市生活质量的总体水平。居住环境的质量如何,不仅直接影响城市人居环境的物质基础,而且影响到居民对人居环境的主观满意程度,进而影响到城市的凝聚力。各窗口单位的服务质量,直接反映了城市的服务水平。城市功能性环境的质量状况直接影响城市居民、游客、短暂居住者等满意度、愉悦性和舒适度。它是城市品牌塑造的必要条件,它要求对城市中所有与居民生活、学习、工作相关的软、硬件环境进行建设,从而提升城市的整体功能。当然,也存在一定程度的城市功能定位,需要对城市进行选择。不同功能定位的城市其吸引的对象也是不同的,有的侧重吸引就业者和创业者,有的侧重吸引休闲旅游者,有的侧重吸引文人学士等。

(三)体现城市和谐、人文文化、精神风貌的城市文化要素

城市文化要素主要包括开拓精神、守信用、不排外、乐于助人、文明礼貌、爱卫生、道德素养、团结奉献等。城市文化环境建设在于把握城市特色,讲求历史传统、地域文化、民族特色与现代化前景的延续与融合。城市文化环境的塑造,需要城市政府对城市文化要素进行系统规划和设计。比如,城市特有的城市精神文化、城市物质与制度文化、城市行为文化(如市民言行规范等),并对市民进行持续传播,使之影响市民的言行。市民

既是城市品牌的主要推动力量,也是城市人文形象的评价者和受益者。它集中反映了城市文明程度。任何要塑造良好品牌形象的城市,都必须发动广大市民积极参与,在美化城市人文环境方面做出努力。

(四)体现城市科技教育水平和历史文化积淀的城市科教与历史要素

城市科教与历史要素主要包括城市科技发展、城市文化教育事业、城市历史与名胜古迹等方面。以北京、上海、武汉、西安、南京、成都等为例,这些城市分布着大量著名学府,它们极大地支撑了这些城市科技产业的发展和城市科技竞争力的提高。有这方面优势的城市,在城市定位和城市品牌塑造方面,无疑拥有更多选择,因为著名高校云集和很强的科技竞争力将很可能成为塑造和传播城市品牌形象的重要名片。城市历史和名胜古迹反映了一座城市的历史演变,这是城市本身改变不了的资源条件。不同城市有不同的历史资源,城市相关职能部门应在保存与修缮方面精心规划,促进城市旅游业发展,增强其在国内外的影响力。

(五)体现政府执政水平和公务员形象的城市政治法律环境要素

城市政治法律环境要素主要包括政府机构的办事效率、开拓创新、严格执法、民主化、社会治安状况等。公务员可被看作城市品牌形象的集中代表,其素质表现就成为品牌形象的载体之一;政府担负着城市品牌塑造规划、协调、控制等方面的职能,是整个系统中的掌舵者,其能力的高低,直接影响着城市品牌塑造的水平。民主是形成一个好政府的巨大力量,它反映企事业单位正常工作秩序、市民生命财产安全的保障程度。任何旨在塑造城市品牌的城市政府,都必须加强城市政治法律环境建设,提高政府部门的执政能力和服务水平,树立良好的形象。

(六)对市容、环境和交通的城市规划与自然环境要素

城市规划与自然环境要素主要包括城市规划、城市建筑与景观、市容市貌、空气和水质、交通快捷、公共交通或出行方便程度等。它既是城市品牌塑造的重要物质基础,又是城市形象建设成果的外在体现:它反映了城市自然资源及人工努力对城市品牌塑造的贡献。优美的城市绿化、城市景观以及快捷的交通,是城市品牌塑造的重要硬件条件。

二、影响城市品牌塑造的"客体"要素分析

真正的城市品牌存在于城市利益相关者的内心和想法当中。影响城市品牌塑造的"主体"要素,只有作用于内外部利益相关者,并使之产生满意、愉悦和舒适感觉时,才有效果。可以说,实现利益相关者满意、舒适和愉悦,是一座城市塑造品牌的全部,这也是城市品牌建设的立足点和归宿,评价城市品牌状况的唯一标准,就是利益相关者的体验和感知。

城市品牌建设必须从利益相关者体验、感知、态度与行为等"客体"要素出发,着手塑造、建设和优化城市"主体"要素,并辅以整合营销传播。下面对城市品牌塑造过程中的受众要素(或"客体"要素)进行简要分析。

有学者把城市利益相关者称为受众,包括市民和观者。但是,考虑到市民和观者的概念过于笼统,为了深入考察城市品牌的影响路径、价值需求、感知事件等,笔者对上述受众做进一步的细分。

城市品牌的受众要素(或"客体要素")是指受城市品牌塑造影响,并影响城市品牌塑造的所有城市利益相关者。它包括内部利益相关者和外部利益相关者。其中,城市内部利益相关者主要是指居住在城市里的人们,比如,政府公务员、投资者、企业家、居住者、工作者、创业者和求学者等。城市外部利益相关者,又称外部观者,之所以称外部利益相关者,是因为他们或多或少地受到城市发展的直接、间接或潜在影响。

根据其对城市的熟悉程度,可以分为外部观者1和外部观者2。外部观者1是指,曾在该城市居住、投资、工作、学习、旅游、探亲或访问过的外部利益相关者群体。外部观者2是指,从未到过该城市的外部利益相关者群体。比如,周边城市及管理者、竞争城市及管理者、其他观者等。不同利益相关者对城市品牌形象的感知途径是不同的。

三、基于城市品牌塑造的主、客体要素间的互动关系

(一)城市品牌塑造的"主体"要素与"客体"要素间互动关系及其影响

由于不同利益相关者与城市之间的互动关系和紧密程度不同,他们对城市的价值需求、关注点和感知途径会有所侧重。所谓"特定价值需求与期望"是指,在利益相关者的内心当中,对城市环境要素最需要、最关注的部分,也就是说,对利益相关者而言最有价值的东西。

比如,普通居民关注居住环境的舒适度、生活便利性、城市安全、公正民主等,而投资者关注的是良好的投资环境、赚钱机会等。

除此之外,所有利益相关者还都对城市绿化、城市交通、城市空气质量、城市水质、城市空间规划、城市人文环境、自然生态环境等要素,有共同的需求或关注。这说明城市品牌发展从某种意义上讲,就是一个社会整体满意的体系,即市民满意、游客满意、投资者满意、观者满意、管理者满意、社区满意,以及个体差异满意、城市理念满意、行为满意等。即使这样,并不能完全确保城市在利益相关者心中的卓越品牌形象,它还取决于该城市在利益相关者心中与其他城市相比的优秀程度。

(二)城市环境建设与综合整治对利益相关者的影响

城市的综合环境整治,即结合城市实际,做好提升城市功能、优化环境的各项建设。利益相关者是否满意,不仅取决于城市自身的环境状况,还取决于利益相关者所感受到的其他城市的环境状况。城市品牌的目的是要吸引利益相关者前来投资、旅游、定居、求学、工作、经商等,这就要求该城市必须具备一定的相对优势。

一个城市在塑造品牌时,要进行有意识的宣传和传播,必须做好城市的综合环境整治和内部品牌培育,否则,传播就是空洞的,是"自吹自擂",会让知情的利益相关者(如内部利益相关者)反感,产生对该城市的负面印象,还有可能对当地政府产生不信任感,而且,城市品牌塑造也会脱离内部利益相关者的参与基础。

城市资源和城市环境,对城市品牌或利益相关者感知的影响,主要表现在以下两个方面:一方面,资源和环境的独特性。影响广泛、积极的城市资源和环境,就有可能转换或培育成为支撑城市品牌的内部品牌,即成为代表城市的标志和象征;另一方面,即使不能成为内部品牌,但是城市资源开发和环境整治,也都是绝对必要的,因为这是影响利益相关者的满意、舒适和愉悦性的重要基础。只有把这些要素做好、做实了,才能赢得利益相关者的青睐,提升满意度水平。这些环境要素包括城市经济环境、城市功能环境、城市文化环境、城市科教环境、政府形象要素、自然生态环境和交通环境等。即使该城市不能使有关资源和环境建设得比其他城市更好,但是,至少与其他城市相比,不至于落后太多或太差,否则,在利益相关者的内心中会"失分",使之降低对该城市的好感,损害城市形象。同时,这些环境要素建设好了,经过一段时间的改善、优化、宣传、积累,还有可能被贴上该城市的标签,成为该城市具有显示度的名片,从而进一步丰富和提升城市品牌形象。为此,城市环境整治必须本着"人性化、特色化、个性化"原则,从内部利益相关者和外部观者的需要和期望出发,结合城市实际和特点,对城市社会文化环境、城市经济发展环境、城市商业经营环境、城市工作生活环境、城市政治法律环境、城市自然生态环境、城市规划与交通环境等要素进行全面、细致的综合治理和建设。

(三)城市内部品牌的来源、培育及其对利益相关者的影响

所谓城市内部品牌是指,该城市所拥有的产品品牌、服务品牌、个人品牌、组织品牌(企业品牌、政府品牌、非营利性组织品牌等,非盈利性组织包括大学品牌、国际性组织、领事馆等)、文化品牌、产业品牌(矿藏品牌、旅游品牌、工业品牌、商业品牌、教育品牌等)、地理环境品牌、典故事迹品牌等。这些内部品牌具有极强的带动效应,能提升城市品牌的名气。

城市内部品牌来源于两个方面。一是对城市中有潜力成为城市内部品牌的宏观环境、微观环境和资源要素,通过一段时间的培育和分化,伴随其知名度和美誉度的提升,它会被贴上城市标签,成为体现城市独特资源、环境、风土人情的城市内部品牌(又叫城市"名片")。二是直接从城市的优势资源、特色资源中选出,凡能代表城市的、有一定显示度的人、事、物,或能让外部利益相关者在把该城市与其他城市比较时,产生积极联想或感知,扩大城市知名度和美誉度的要素,都可作为城市内部品牌。一座城市的内部品牌越多、影响越广,就越能在利益相关者内心形成好的感知和联想。为此,加强城市"名片"工程建设,应成为城市品牌塑造的重要步骤。所谓城市"名片"工程,就是在城市品牌定位基础上,通过对利益相关者感知的影响大小,选出能代表城市的服务品牌、个人品牌、组织品牌、文化品牌、产业品牌、商品品牌、地理环境品牌、典故事迹品牌等,然后集中优势资源加以重点培育,使之逐步发展成为支撑城市品牌的一张张"名片"。

可以说,城市内部品牌是最能代表这座城市,让内部利益相关者感到骄傲,并对其行为产生激励的东西。它也是城市品牌整合传播的重要内容之一。通过有效传播,能够更快、更好地在外部利益相关者内心建立起对这个城市的积极联想和感知。

城市内部品牌对利益相关者感知的影响和驱动机理,主要表现在两方面:一是这些内部品牌具有极强的带动效应,能大幅提升城市品牌的知名度。比如,青岛的名气很大程度上受益于有名的"五朵金花",即海信、海尔、青岛啤酒、双星、澳柯玛。而绵阳作为"电子城",很重要的原因是,它有"长虹"这个著名企业,许多人也正是通过"长虹"熟悉、了解绵阳的。二是利益相关者从城市内部品牌的消费体验中获得对城市的某种联想。许多外部利益相关者原本不熟悉该城市,但因为经常消费来自该城市的产品或服务,而产生对该城市的兴趣和正面联想。在塑造城市品牌过程中,除了将城市内部品牌培育成为能代表城市的"名片"外,还应发动有关行业组织、企事业单位共同制定规范企事业单位和工作人员的行业行为自律条例(如服务规范、诚信友好、模范遵守商业道德、积极履行社会责任等),提升产品质量和服务水准,使利益相关者乐意消费来自该城市的产品或服务,乐意到该城市投资经商,乐意到该城市旅游等。

(四)城市品牌整合营销传播的主要内容及其对利益相关者感知的影响

整合传播是城市政府和各级部门有意识推销城市,树立城市形象的方法和手段,是连接城市、城市管理者和所有利益相关者的重要桥梁。其中,整合就是要统一宣传主题、整合传播渠道,以此带给利益相关者一个协调一致的形象;而传播就是把城市建设中有一定特色、优势和个性化的东西,通过媒体进行有意识宣传的过程,即城市品牌传播,就是把城市好的产品、项目、历史文化、企业、人民、好的有影响力的事件、投资环境、发展经济的潜力等"亮点"传播出去,使利益相关者产生对城市的积极感知。城市品牌整合营销传播的主要内容及其对利益相关者感知的影响,主要体现在以下方面。

1.城市品牌对内传播

城市品牌对内传播的目标,就是将本市的发展方向、城市精神、价值观、行为规范、法规政策等传播给全体市民,以增强市民的认同感,促进市民对城市品牌建设的参与度。从社会参与角度讲,全体市民都是其所在城市品牌的传播主体。强化对市民的宣传教育,努力提高全体市民的城市意识,以唤起市民为建设自己的城市献计献策,是搞好城市品牌传播的基础性工作。对内传播的主要手段就是要充分利用报刊、电台、电视台等新闻媒体的主渠道作用,加强对市民的文明教育。

2.城市品牌对外传播

城市品牌对外传播的目标,就是促使优秀人才、投资者、旅游者、外来者、中央政府或地方政府对城市形成从知名到完整认知,造就期望的联想,产生城市偏好,累积和强化城市品牌拉力,提升原有的品牌体验,进而达到城市品牌塑造目标。对外传播主要是运用整合传播手段,综合性地采用大型活动、会议、展览、广告、公关、直销等方式。

(五)影响城市品牌塑造的"客体"要素间的互动关系及其影响

1.内部利益相关者对外部利益相关者的影响

内部利益相关者是城市行为、城市文明的践行者,即内部利益相关者(如市民、公务员、政府部门)的言行,既影响内部利益相关者对城市的满意度,同时,也对外部观者1的体验和感知产生重要影响。

从某种意义上讲,内部利益相关者既是城市品牌塑造的受众,又是城市品牌塑造的主体。为此,城市政府和各级组织部门,应加强城市文明公约、语言行为规范的宣传、教育、表彰等活动,在城市中形成一个令人向往的文明、和谐的城市。

2.外部利益相关者认知间的互动关系及影响

城市外部利益相关者,根据其对城市品牌形象认知的来源途径不同,可分为两类群体。一是曾在该城市居住、投资、工作、学习、旅游或访问过的外部利益相关者群体(或外部观者1),他们对城市的感知主要来自短暂的"体验"、城市内部品牌和城市宣传。二是从未到过该城市的外部利益相关者群体(或称外部观者2),他们对城市的感知主要来自城市内部品牌、城市宣传和其他利益相关者的介绍或影响。外部观者1的口碑效应不容小觑。

第四节 城市品牌的塑造方法

"品牌"作为城市核心竞争力的集中体现,也是一种系统,即"城市品牌系统"。它是一个由城市品牌与全体受众(即利益相关者,比如,市民、政府机构工作人员、投资者、旅游者、上级部门及工作人员、周边城市及相关人员等)、城市品牌与城市内部品牌(比如,知名产业品牌、知名企业或组织品牌、著名人物品牌、城市景点品牌等)、城市品牌与城市资源(比如,城市历史与现状、地理位置、气候等)、城市品牌与城市环境(比如,城市政策法律环境、经济与商业环境、社会与文化环境、技术环境和自然生态环境等)等构成的关系系统。可以说,城市品牌塑造是一项巨大的系统工程,涉及经济、环境、社会等诸多方面,而各个因素又都包含有若干子系统,需要系统规划。

同时,城市品牌塑造需要一座城市的整体努力,即是利益相关者关系满意、相关品牌塑造、城市资源优化和城市环境系统治理的全方位事业,绝非仅仅停留在"城市营销""城市形象"等层面上。当我们面对城市品牌决策时,必须要从一个更加宏观的高度来考虑问题,需要将城市品牌定位、品牌核心价值,贯彻到城市建设及发展的各个方面。城市品牌的美誉度和知名度的提升过程,实质上,就是一座城市全面发展的过程,即城市的全面发展推动城市品牌度的提升。反过来,城市品牌度提高,又会促进城市各项事业的全面发展,可以说,二者是相辅相成,相得益彰。

一、城市行为形象工程

城市品牌存在的真正领域是受众的脑海。他们对于某一地理位置的全部体验才是品牌。宣传或传播活动是通过对目标受众的认知进行影响,从而为整体体验的形成起到一定的推动作用。城市品牌建设过程是在城市品牌战略的指导下,通过管理城市与受众接触的每一环节以形成整体体验的过程。其中,必须体现城市品牌体验的独特性,并保持整体的一致及统一。如果城市的宣传工作不是在品牌战略的指导下进行,宣传内容与口径和整体品牌规划不一致,这种宣传可能会对城市品牌建设形成阻力,做得越多,投入越大,反效果越显著。

(一)塑造良好的城市行为形象

城市行为表现系统是一个城市在运行过程中有关行为方面的所有要素的整合。比如,政府行为、企业行为与市民行为。城市行为是一座城市动态的表现形式,它规范着社会活动,实质上是城市运作模式的统一。塑造城市行为形象涉及三个行为主体:政府、企业(以及其他社会团体组织)、市民。具体内容如下。

1.政府行为形象

政府是城市经济与社会各项事业发展的组织者,也是城市的管理者。树立起良好的政府行为形象,是城市行为表现系统建设中的第一个环节。政府的行为形象应包括以下几个方面:规章制度的健全性、办事的公正性、决策的民主性和科学性、办事的高效率、政府工作人员的廉洁自律性、办公方式等。

2.企业行为形象

企业形象,是城市形象的重要组成部分。一个城市如果拥有一批名牌企业,就必然会增加城市的经济实力,借助名牌企业和名牌产品的知名度,可以带动相关产业的整体发展,提升城市的知名度。此外,还应包括窗口单位的行为规约。比如,出租车、公交车、轮船、火车、飞机、旅行社等组织部门的行为规范。

3.市民行为形象

市民指居住在该城市中的居民,他是一个城市中最广泛、最具有代表性的群体,是城市的一个最重要的主体。市民的形象,代表了一个城市的民间形象。市民的素质、形象,会给客人留下印象。而在客人的心目中,该印象会推而广之成为"某地人"的形象。所以,市民的形象对城市形象的确立,尤为关键。制定市民文明公约,并开展大量声势浩大的宣传活动,使之深入人心,落实到行为,让所有利益相关者感受到市民的形象、风貌,产生良好、积极的印象。

(二)实施服务创新,实现服务产业结构高级化

城市服务创新是城市品牌的重要组成部分,一些企业、单位或城市,在强调核心竞争力的构建时,更多地强调核心产品和核心技术,这当然是必要的。但是,一个企业要真正建立核心竞争力,必须实现核心产品、核心技术与服务的三位一体创新。

城市不仅有一般意义上的产品与核心技术体系,城市还在于生产"服务形态"与"服务方式",城市管理的本身是一种社会服务系统。进一步说,服务是城市的一个必然产品。城市是市场的载体,城市是人们的生活消费中心,服务是城市的一个本质属性。但是,在城市与城市间的竞争中,不同的城市服务水平是不一样的,当我们到中国香港感受到飞机场、火车站、商店、宾馆的服务与内地的城市服务,是不能相提并论的。

仅就深圳与南京和上海相比,在服务上,这三座城市都有很大的差异,而多数人认为,深圳服务较好,上海次之。在城市"印象"、意向和感觉中,人们对任何城市的好感程度,都与城市的服务息息相关。服务不好的城市,在人们心目中的整体印象是不好的,城市形象也是不好的。

这里强调的城市形象品牌的服务,主要是城市生产型服务行业、政府和生活型服务产业的发展水平。强调服务创新,是因为服务作为一个产品或概念开发,非常容易被人模仿。服务创新比产品创新困难的是服务创新必须天天讲、月月讲、年年讲,要不断地创新,才有可能形成服务产品的优势和服务创新的系统性发展。

当代中国的城市正处在五种转型之中,即从传统封闭式城市形态向开放式城市形态转型、从单体城市向城市群关系转型、从以第二产业为主向以第三产业为主转型、从平面结构关系向立体结构关系转型、城市社会人从单位向社区人转型。在这些转型中,服务成为城市社会的一个存在形式,即城市社会人与人的关系本质,表现为城市人服务与被服务的关系。

城市服务在现阶段存在着明显的问题,主要表现在:服务的目的不清,服务最终是为了谁,没有得到解决;服务缺乏系统性规范;重外在形象,轻服务质量;服务水平保持缺乏持久性,通常是一阵风;缺乏完整性;缺乏职业道德意义上的经济利益性;重认知形象,轻实体形象;没有构建服务的方便性系统。

真正创造城市品牌,应该在人才、技术、产品创新的同时,更要注意服务的创新。服务创新包括亲情关系的服务体系、现代科技型的服务体系、主动服务体系、快速服务体系、完整服务体系、隐性服务体系、显性服务体系、超前服务体系、超值服务体系等的创新。归结到底,任何城市要考虑自己的品牌战略定位,都离不开服务创新。

二、城市文化形象工程

城市文化是一种地域形态的组织文化,城市文化是在一定自然与人文历史背景下,创造出来的物质的、精神的、制度的和其他多种文化遗存的多种形态特质所构成的复合体。张鸿雁认[1]为,完整的城市文化有着如下共性。共同的价值观取向,城市多数人拥有的观念;一定意义上同质的文

---

[1] 张鸿雁. 中国城市化进程中的社会"解构"与"结构"——新城市社会学的视角[J]. 社会科学,2012(10):77-87.

化特质;城市特有的文化模式;城市人共享的文化知识与习得的经验;城市人特有文化丛,如特殊的语言与交流体验、特定的交往关系、特有的婚丧嫁娶行为等;城市文化价值观,特别是一个群体所共有的文化价值,在潜在关系中形成;对外来文化排异与吸纳功能;有城市特有权威与精英;城市文化在总体模式下存在着多元发展的状态。城市文化的丰富带来人才的聚集、旅游资源的开发、外来资本的进入,进而推动城市的发展。张鸿雁断言,在21世纪上半叶,城市文化将成为城市兴衰的关键因素。新城市文化和新城市形象,将在全世界范围内成为城市竞争的主要表现形式。不能创新城市文化的城市,是没有希望的城市。城市的历史文化、民族传统、人文色彩、时代烙印和城市特色等,是与城市的产生和发展同时存在的物质财富和精神财富,是城市文化的反映。一个没有或缺乏文化的城市,只是建筑材料的堆积地,被称为文化沙漠。城市规划应当在发掘、保护与发展城市文化上下功夫,使城市以自己的独特形象和文化光彩屹立于世界城市之林。

城市文化是一座城市气质的底蕴,是一座城市形成的灵魂所在,城市文化已经成为城市发展的巨大推动力。塑造城市形象要突出文化特色,要充分认识城市"个性"和文化特色的巨大价值。城市形象塑造,必须注意"文化思考"和"文化规划",从意识形态和文化发展的高度来思考城市形象问题。城市形象塑造要进行城市整体风格定位,而风格定位的前提就是"城市文化要素"定位,即根据历史传统、区位条件、自然条件及现代化发展的要求进行整体定位。其特定范畴是一个城市在进行具体规划之前应当明晰城市未来文化风格、城市文化属性、城市形象文化表述,以及城市经济结构、政治结构对城市整体形象的要求。

城市文化塑造应着重从以下几个方面入手。

(一)充分利用城市文化资源

一个城市区域内的历史文化资源,是这个城市形成文化特色和个性的基础。例如,北京的"京文化"、上海的"海文化"、西安厚重的"黄(皇)土文化",无不给人以深刻印象。一座城市的文化形象,应当是靠悠久的历史文化在人们心理上积淀而成的印象。历史文化是城市文化的根,是民众故乡、故土的灵魂,是构成对外宣传都市形象独具魅力和特色的重要内容。

(二)精心设计城市文化的物质要素,保持城市建筑与城市文化特色的协调

城市建筑是展示城市文化特色的主要构件,其基本风格应与城市文化背景相协调。在此基础上,提倡百花齐放、造型各异,从而有序地构成一座城市的整体意象。相邻建筑群之间比例协调、错落相间,与主体建筑构成和谐完美的空间轮廓。大型高层建筑物的样式,应根据城市特点,必须精心设计与规划,强调与城市整体形象和文化个性的协调和谐。

同时,公共文化设施要与城市文化特色相一致。文化设施是城市文化形象的重要载体,必须严格按照城市文化特色和社会文化氛围的设计要求建造,用城市发展的战略眼光来审视,着眼于面向世界、面向未来、面向社会需要,按照国际一流的、现代化的标准进行设计、改造或发展。

(三)举办体现城市文化个性的特色活动

城市管理者在市民工作、学习、休闲活动以外,应多举办一些体现城市地方特色的文化节庆活动。这是城市文化形象个性特色的体现。城市的大型文化活动是一座城市形象和城市文化水平、城市文化特色及城市文化整体性的体现和象征。

对此,可根据如下的原则对文化节进行策划。一是规模性,这种形式的文化活动,一定要具有规模性,以形成活动本身的影响和辐射力。二是唯一性,即这种活动不能与其他城市雷同,不能模仿别人,以寻找这种活动最大的差异性和唯一性,进而形成旅游与文化创新功能。三是地方性,只有地方性强,才会有特色性。而这个地方性就是以挖掘城市历史和独有资源为出发点。一个成功的文化节,需要社会各个部门、行业的配合,其中任何一个部门、行业的不良行为,都会给人造成不好的印象。文化节的举办必须与促进其他行业的发展结合起来,通过文化节的举办,创造城市发展的"文化动力因"。一座城市创造品牌文化和文化品牌,其可参考的文化表现有以下方面。

1.创建城市所属的文化与学术流派

美国芝加哥社会学派成为世界有影响的学术群体,并在城市社会与经济发展中起到重要作用;中国古代文化中城市地域学派、文化流派、艺术流派,是十分明显的,也是华夏文明的特色之一。例如,齐鲁派、襄阳学派等。创办具有国际性、地域性的学术、文化艺术流派和群体,是城市文化

的核心竞争力源泉。

2.开发、创造垄断性文化资源

每一座城市都具有某种意义上独有的文化资源,城市的历史越长,旅游资源的文化意义就越强,就越具有文化资本价值。以南京为例,开发特色旅游,突出南京市"城市在山水中,山水在城市中"的秀美自然山水,历史悠久,文化底蕴浓厚,民俗、民艺多样,亲近自然、开放平和、安颐养生的特点。

3.城市形象推广中应该创造与大众文化和市民社会发展相适应的艺术品

与市民社会相适应的文化艺术,其核心是强调与国际接轨的文化艺术。要注重抓文化精品的生产,应树立精品意识,以文化精品战略带动文化事业的繁荣,提升城市的文化形象。

(四)创造城市所属的文化精英与文化名人群体,创造现代城市生活的样板群体

从这一方面讲,战略的实施中,要注重对文化名人的培养,文化名人是影响一座城市文化形象的重要因素。巴黎、纽约、悉尼、维也纳、北京、上海、深圳、中国香港,之所以成为人们向往之都,除了城市风景、城市文化和发展机会多之外,就是城市居住着很多社会文化名人。例如,作家、画家、舞蹈家、歌唱家、体育明星、艺术明星、知名学者和著名影星等。他们通常影响着时尚,影响着市民的生活方式,更重要的是,影响着人们的生活与价值观念。

在另外的意义上,城市名人自身可以说明城市文化的特色和发展水平。一座城市,即使有再好的硬件文化设施,而没有文化精英群体,城市形象通常显得苍白无力。抓文化名人的培养是提升城市文化形象的重要一环。一座城市应该制定切实可行的人才培养规划。比如,可建立若干文艺人才培养基地,诸如文学创作基地、音乐创作基地、书画创作基地、导演培训基地等。同时,对城市文化名人进行合理适度的宣传与包装,扩大他们的知名度。对外来人才的引进上,要加大对文化人才引进的力度。

同时,高层次的文化"精英"阶层要走出高校、研究机构、文化团体,通过各种文化活动,各种媒体,影响市民文化生活,向政府、产业界渗透影响,与政府行为、商界行为,乃至市民行为之间达成共识、沟通、联系。

(五)经营丰富的城市文化环境

城市文化包括物质文化和精神文化两个方面。

在物质文化方面,建筑物要有文化含量,特别是标志性建筑物,要体现出整座城市的精神面貌和价值取向,既标新立异,又不哗众取宠,给人留下深刻印象,广场要有广场文化,广场是公共场所,是休闲娱乐之处,来往人口多,应维护广场公共卫生,杜绝不良、不雅现象的发生。社区要有社区文化,让居民区宜人居住,使居民满意、称道。休闲区的文化,特别是公园的建设,要把最好的公园建好,让人喜闻乐见。

精神文化方面,精神是人的灵魂,良好的精神不但可以拯救一个人,还能使一个民族崛起。政府要组织市民开展丰富多彩、积极向上的文化活动,引导市民摆脱低级趣味的娱乐方式,酿造浓厚、积极的文化氛围。

按照世界文化发展委员会的定义,文化教育是独特的精神、物质、智力和情感的综合体。城市文化,表现在城市建筑与环境的特色与个性之上。一座现代化的城市,除了必须拥有与之匹配的现代化文娱设施以外,还须拥有具有历史的、民族的、地方的、自然的艺术特色的建筑与环境。即使在各种文化大融合的信息时代,其地方的、民族的艺术特色,亦不会凭空消失,而是改变其原有性状,转化为信息元,融入更广义的文化城市范畴,使城市魅力长存。城市文化也表现在那些最富于开放与合作意义的城市窗口人员的行为举止之上。通过观察与感受这些人的市民文化,如衣食住行、言谈举止、精神风貌、文化素养、服务态度、办事效率,即可判断一座城市的精神文明程度。城市文化还表现在城市文化名人身上。现代化城市既要有长期积累的文化名人,更要有能不断孕育新的文化名人的"温床",以不断为城市现代化进程中的精神文明建设提供示范群体,构建文明城市、诚信城市、和谐城市。

三、城市"名片"工程

所谓城市"名片"工程,就是在城市品牌定位基础上,通过对利益相关者认知的影响大小,选出能代表城市的服务品牌、个人品牌、组织品牌、文化品牌、产业品牌、产品品牌、地理环境品牌、典故事迹品牌等,然后加以重点培育。以"产品品牌"为例,任何城市都应加大力度支持本地名牌产品的生产,针对城市的自身条件,选择具有发展前景的产品(产业),进行重点打造,逐步把它们培育成在全国乃至世界范围内具有较高知名度的名牌产品,增加城市的生存能力,提升城市品牌形象。

企业品牌和产品品牌是城市形象建设及城市整体核心竞争力提高的关键环节。名牌产品是一个城市经济发达程度的表现,人们会很自然地将某个名牌产品与它的产地结合起来,把它作为这个地区的象征。比如,国内比较熟悉的绵阳长虹、青岛海尔、深圳康佳、无锡小天鹅等,这些名牌产品不仅加强了所在地区的经济实力,而且提高了这些地区的形象和知名度。同时,由于这些名牌产品中所蕴含的丰富的文化因素,也使它们成为城市优良文化形象的一种反映。巴黎和东京是世界的服装引导之都,至今还引导着世界的服饰时尚。中国大连的服装节,对大连城市形象推广起到了良好的作用。大连城市服装文化节,已经形成了相关生产链,这个产业链跨度较大,不仅有服装企业,还有高等院校,如大连大学成立服装学院与法国高级时装公会联合办学,在文化效应方面的成就,是十分明显的。任何城市形象的提升,都应加大力度支持本地名牌产品的生产,针对城市的自身条件,从现有的比较具有实力的产品中,选择具有发展前途的产品,进行技术创新,加大宣传力度,逐渐将它们培育成在全国乃至世界范围内具有较高知名度的名牌产品,增加城市的生存能力,以促进城市品牌形象的提升。

城市"名片"工程就需要对优势、支柱产业进行扶持。支柱产业是指在经济基础发展中具有继起性和连带性,随着经济的发展将成为城市经济的重点产业。作为支柱产业,它必须具备以下条件。一是收入需求弹性。收入变化对消费影响大的一般都是高档消费品和现代消费品,如现代化的交通工具、通信设备、高档家具、高级住宅、高档家电等。二是对区域经济基础增强有较强的推动力。与社会产业有密切的相关性,某一产业的发展通常能产生乘数效应,带动其他产业的发展。三是能代表技术进步的方向。目前能代表技术进步的方向的产业主要有纳米技术、DNA 工程、微电子工业、信息产业和新兴材料工业。四是有较强的出口外向度。出口外向度强的产业一般具有劳动生产率上升快、产业具有比较优势等因素,因而能在国际交换中处于有利地位。

为塑造城市"名片"工程,城市主要应做好以下工作。第一,制定产业的相关法规和政策,实现区域产业结构优化,从制度上保障支柱产业健康发展,从政策上鼓励产业优先发展。第二,选择符合区域情况的产业结构。符合区域情况的产业结构是指,城市的产业结构要建立在现有的自然条件的基础上,既不要超越经济发展的阶段,又要兼顾历史沿革已形成的产业格局,积极扶持高新技术产业和具有市场生命力的传统产业,逐步实现区域产业结构的合理化和高级化。第三,实现产业结构的均衡化。产业结构的均衡化是以产业差异和区域差异为前提的。实现产业结构均衡化,是根据区位优势保持恰当的产业比例,以充分利用区位资源,再就是产业质量均衡,做到产业在技术结构、产品结构上保持有机结合,各产业技术联系密切,保持技术进步的传递和扩散顺畅。第四,培育一批名、特、优产品。培育名、特、优产品与城市品牌能产生良好的互动效应。名、特、优产品能提高一个地区或城市的知名度。

四、城市硬环境建设与整治工程

"经营城市"是政府运用市场手段,来经营城市的硬件设施,运用以行政管理为主的手段,来经营城市的软件设施,以提供完美的"城市产品",创建优质的城市品牌。城市现代化,是城市基础设施现代化。要针对当前城市中心区域对外交通不畅、公用设施不配套、园林绿化不丰满、电力设施不完善等问题,广开资金渠道,全面加强基础设施建设。

(一)城市空间布局

城市布局是充分调动城市的多项空间资源,经过对街区、景观、建筑等要素结构优化重组,精心设计出城市的时代性特色、地域性特色和文化品位。为此,应做好以下几点。

1.城市布局要与城市经济发展紧密结合

城市布局要做到与本市经济发展密切结合,突出时代特色,紧紧围绕产业结构调整和优化,抓好城市工业区、商贸服务区、各类市场等建设布局。

2.城市布局要与城市自然地理环境紧密结合

依据城市自然地理环境,创造各具特色的城市结构形态,体现现代化城市的特色与个性。

3.城市布局要处理好现代城市建筑与城市历史街区的保护

加强对历史街区的保存与保护,把现代化城市建成城市历史文化博物馆,向人民充分展示城市历史文脉与传统风貌,不断激发人们的历史情感和家园意识。在保存的同时,要积极创新发展、建造新的城市风貌,要充实各种公共文化设施,以满足城市居民日益增长的精神文化需要。

4.开展城市绿化与环境整治

建设生态城市要开展大规模的城市绿化、美化与城市环境综合整治工程,加强对开放空间、绿化空间、传统空间的开发建设,尤其要加强对滨水地带的整治,形成良好的城市亲水空间;对中心城区和城市规划区内的郊区、集镇,要采取以道路为纽带,通过绿化加以丰满的工程建设。一方面,要采取点线面相结合的办法,实行公共绿化、单位绿化、庭院绿化、街巷绿化"四路进军"和行道树、道边绿带、道边花坛、街头绿地、临街游园"五个并举",抓好中心城区的绿化,形成"城在森林中、路在树木中、人在花草中"的绿化格局;另一方面,对中心城区和城市规划区内的集镇,要以道路为纽带,通过绿化加以丰满,使自然山水、生态农业、绿带、绿地有机联系,人工环境与自然环境有机交融,实现城市生态化、大地园林化。

5.城市配套体系工程建设要适应城市发展和市民生活的双重需要

完善城市给排水管网,并合理规划建设环卫设施、配套环卫设施体系、城市管道燃气、通信供电系统建设,切实增强城市的综合功能。

(二)城市景观建设

城市景观建设主要是通过对城市外在构成要素,如自然环境、人工环境、人文及遗迹的整合设计,力求在优化和艺术化城市空间物质要素过程中,实现城市的景观美,即组成城市各种和谐体系的美。它以建筑艺术的造型与宽阔平坦的街道和各种公共设施相映成趣,组成一座城市美的轮廓线。城市景观设计的内容很多,至少应从以下几个方面着手。

1.城市建筑设计

城市建筑的魅力,除了它的使用功能外,还在于它仿佛是凝固的音乐,直接反映着人类文明,蕴涵着丰富的文化氛围,给人以更高层次的精神享受。繁荣建筑创作,必须树立精品意识,高标准地设计与建设具有浓厚文化气息、风格高雅别致的精品,提高建筑的审美价值和文化含量。单体建筑要富有特色,建筑群体要和谐统一,注重城市雕塑、建筑小品、灯光装饰的设计和构造,充分发挥其在城市建筑群中的点缀作用。

2.城市色彩整合

调和城市色彩,也是构成城市建筑美学的主要因素。色彩通常具有先声夺人的功效,一座城市如果没有成功的景观色彩设计,纵然建筑形式千变万化,规划布局严谨合理,也难体现出浓郁感情色彩的城市美来。建筑色彩的选择,要考虑周围的自然环境,包括气候、地理位置等因素,注意与周围环境、道路、地形、绿化协调统一,使建筑物在环境中显得完整自然、配置得当。城市景观应是人工景观与自然景观的合理组合,在设计人工景观的色彩时,离不开对自然景观色彩的参照,人工景观的色彩,要与周围环境和谐,而又不为自然景观的色彩所束缚。

3.城市景观布局

城市中心的商业楼宇、彩色灯饰、橱窗、花卉、广告标牌、街头雕塑小品、音乐喷泉、休闲公园、露天广场等,处处都应经过精心设计,着意美化,使城市中心既具有浓郁的商业都会气息,又具有高雅的文化艺术情调。

4.城市交通规划

优先、优质建设面向未来、适应国际化需要的国际航空港、海港等窗口设施,以及与之配套的高效、便捷、安全的区域交通网络。例如,高速公路、铁路网等。

城市的各项土地利用、建筑群落、空间交通、经济活动和园林绿化,以及环境保护等,都需要符合和保持城市环境的生态平衡,努力营造一个以人为本的生态城市。现代化的城市环境应当是一个没有环境污染,能使人们生活在舒适、文明、卫生,并能享受大自然的宜人城市、绿色城市、生态城市、健康城市。城市规划应当把上述原则和要求具体地融进规划里,反映在图纸上,落实在实践中。城市规划应当把城市的硬件设施全面、合理、高标准和系统地进行综合考虑,统筹安排,统一部署,以便按规划实施建设,如期实现。

(三)城市建设保障措施

对于城市建设,政府的进退空间还很大,各类经营性城市公用设施的规划设计、建设管理、命名维护、广告发布等,都可引入市场竞争机制,卫、水、气、暖等公益事业也要逐步推向市场,实行企业化管理。

政府则要从具体的建设管理事务中脱离出来,通过制定法规、政策、整顿秩序等,找到自己的位置,更好地履行宏观管理职能。

城市建设与城市管理的关系。事实证明,建设是管理的基础和依托,没有齐备的硬件设施,城市管理很难落到实处。管理是建设的延续,没有有效的管理措施和手段,城市建设也很难充分体现,良好的城市形象也将难以形成。比如,有些城市就因为住宅开发的规模化、集约化程度不高,物业管理硬件不齐备,管理队伍不健全,造成管理效率不高,管理工作不到位,难以充分满足广大居民对生活环境质量的需求。需要从改革城市管理、健全管理机制入手,进一步加大管理力度。引入竞争机制,把建委下属的设计所、清洁站、绿化所等单位全面推向市场,优化组合,竞争上岗,路段承包,推进企业化管理进程。理顺关系,强化城市管理力量,组建街道办事处、居委会,成立城市综合管理执法机构,街道办事处的主要职责就是城市管理。按照分级负责、统一管理的原则,重新构建城市住宅小区物业管理,健全制度,依法管理。制定各部门在城市管理中的职责,完善各项规章制度,明确奖惩,开展精神文明创建活动,通过严格管理,教育感化,提高居民素质,美化城市形象。

五、城市软环境建设与整治工程

城市品牌就是城市的内涵。而城市的内涵又主要通过城市软件设施来表现。这就决定了城市品牌的创建应该以城市软环境的经营为突出点。城市品牌的独特性,也重点体现在城市软件上。由于城市的软件设施经营具有一定的特殊性和非市场操作性,所以,政府只能用行政管理为主的手段,对其加以经营。城市的软环境建设可归纳为以下几个方面。

(一) 经营健全的城市法制环境

市场经济是法制经济,这是对市场经济本质和现状的精确概括。处于市场经济体制下的各经济主体之间经济利益的界定、协调,一时一刻都离不开法律。城市作为许多经济主体构成的综合体,它更需要法律法规来调节各经济主体之间的关系。城市经济的协调发展,必须要有健全的法制引导、规范、保障和约束,在不与法律、行政法规相冲突的情况下,充分发挥地方立法的灵活性,制定符合城市经济发展的地方性法规、规章。实行依法行政,健全公正的行政执法制度。建立公平廉洁有效的司法制度,特别是政府要有较高的法律意识,通过创造优良的法制环境,培育和建立良好的市场关系和市场秩序。这样,才能吸引外来投资和市民。为创建这样的法制环境,政府可以选调或聘请一些有较高法律水平的人才,特别是懂得国际金融、国际投资、国际商业惯例、国际经济组织等国际经济法的法律人才,来提供咨询,防范和避免违法现象。

(二)经营优惠的城市政策环境

要抓住发达国家和地区近年来产业结构升级调整的机遇,首先,制定优惠的投资政策,以吸引高科技含量企业、高效益企业、无污染企业入驻。其次,要制定吸引优秀人才的政策。科技是第一生产力,科技来源于优秀人才,留住了优秀人才,就能拥有科技,就能发展经济。再次,制定关爱外来务工人员的政策。外来务工人员背井离乡,为城市发展做了不小的贡献,不应该受到歧视,应该予以关爱。最后,制定宽松的外来务工人员子女入学政策。近年来,外来务工人员子女入学难的问题,一直没有得到很好地解决,有必要为他们的子女制定宽松的入学政策,以减少其后顾之忧。总之,各城市应该根据自己的实际情况,来制定各种优惠政策,确保城市稳定健康的发展。

(三)经营安定的城市治安环境

稳定的政治环境和良好的治安环境,是城市经济快速、健康发展的基础和前提条件。没有政治稳定和社会安宁,一切都无从谈起。作为城市经营者的政府,一定要创建一个让市民和投资者安心的治安环境。要积极预防、认真处理危害城市稳定的闹事事件。要加大严打工作力度,保持良好事态。加大防范整治工作力度,净化经济环境。加大服务工作力度,创造有利条件。必须引起注意的是,在投资者的周边一定要打造出过硬的治安环境,从根本上铲除扰乱社会治安的因素,营造城市良好的治安环境。

(四)经营舒适的城市生活环境

城市不是一个封闭的系统,它是开放的,必须面向全国甚至面向世界。如何才能吸引投资者和市民呢?在城市竞争日趋激烈的今天,拥有舒适的生活环境,不能不说是城市取得竞争优势的利器之一。政府除了使城市的硬件设施得到完善、城市面貌得到翻新、城市生活环境质量得到提高以外,还应该注意城市形象的打造和城市品位的提升,以创建高品位和特有的城市生活环境。具体来讲,就是政府应根据实际情况,发挥本地的各种资源优势,挖掘历史文化内涵,来打造独特城市形象和城市环境。

(五)以科技进步为先导,构建知识城市

科学技术对城市经济增长做出的贡献,已明显超过资本和劳动力的作用。科技进步不仅已成为发达国家城市发展的动力,而且亦将是发展中国家城市超越其经济、技术鸿沟,追赶发达国家城市的动力与源泉。依靠科技进步来改造城市,调整与优化产业结构,发展高新技术和资本密集型产业,推动城市经济转型与升级,是城市增强其综合竞争能力和实现现代化目标的关键。城市科学技术全面进步的途径包括:树立"科技兴市""科教兴市"观念,加大科技和教育投入;加强城市间的合作,积极引进先进的科学技术、管理模式,特别是高科技人才的吸纳;加强科技的基础研究与应用开发,尽快促成科技成果商品化;改革科技管理体制,创造有利于科技进步的社会环境,充分发挥城市广大科技人员的主流载体作用;促进城市科技产业化或产业科技化,形成"科技—生产"自催化环,即建立城市科技与经济的良好循环机制。

城市软件设施经营,除了以上提到的几个方面外,各级政府还应该根据本地的实际情况,因地制宜,开展城市软件设施经营活动。城市软环境经营,不但可以提高市民的生活环境质量,还为吸引外资增加了筹码,所以不可忽视。

六、城市品牌整合传播工程

城市品牌的传播是连接城市、城市管理者,以及所有社会成员的重要桥梁。从某种意义上讲,城市品牌塑造是否成功,很大程度上还取决于其传播的社会效果。通常传播学把人类的传播归为人际传播、组织传播和大众传播三种。其中,每一种都包括了语言传播和非语言传播。城市品牌的传播显然不能仅限于运用某一种传播方式,而应当博采众长地综合运用各种传播方式和媒体工具。从社会参与的角度而言,应该肯定,全体市民都是其所在城市的品牌传播主体。事实上,所有市民都凝结着、传播着所处城市的品牌信息。城市品牌的传播,归根结底,就是城市媒体对于受众情感的反应过程。这种情感的反应是一种需要的反应。需要的反应并非受众接受或拒绝媒介所给定的一种信息,而是受众阐释或商讨媒体所提供信息的意义。在大多数情况下,市民和观者是在接受传播媒介的信息中,认知城市的品牌。只有通过富有个性化的城市理念和城市文化的传播,才能塑造独具魅力的城市品牌。

城市品牌塑造离不开有效的传播,相反,城市品牌塑造应借用整合传播理念,不仅要多种传播途径并用,而且要政府公关、广告宣传活动、教育引导等多种方式综合利用,以实现最大的传播效率。从城市管理角度看,城市品牌的传播组织者是城市政府和城市建设的领导者、策划者。在管理群体的层面上,其核心领导层的形象是城市形象的代表,其行为方式、制定目标的方式、宣传城市形象的尺寸把握,都十分重要。从社会参与的角度,也应当把全体城市居民确定为本社区形象的传播主体。实际上,所有市民自身既是城市形象的建设者,又是城市形象的扮演者,市民的素质、言谈举止,对异乡人而言,随时随地都凝结、传播着所处城市文明的信息。在城市品牌传播过程中,应通过政府公关方式,组织高层次、大影响的城市活动,营造热点,制造新闻,积极主动地推广和扩散城市品牌信息。

(一)制定明确而富有远见的宣传战略

城市品牌宣传战略包括宣传好的产品、项目、历史文化、企业、市民、好的有影响力的事件、投资环境、发展经济的潜力等。这些应始终成为宣传战线的工作重心,以此唤醒市民为建设自己的城市献计献策,吸引国内外人士的关注。落实这个重心的策略就是要求新闻宣传界努力工作,保证每年在中央新闻媒介、在国内外有影响的重要报刊能经常出现介绍城市的报道或内容,用宣传者独特的眼光,策划塑造有全国乃至国际影响力的"城市新闻",旨在向外界整体推出城市形象。

(二)城市品牌对内传播目标与手段

要通过城市品牌教育,将本市的发展方向、城市精神、法规政策传播给社区成员,特别是青少年。这也是一个城市形象的对内传播过程。强化对市民的宣传教育,努力提高全体市民的城市意识,是搞好城市品牌传播的基础性工作。

城市品牌对内传播的主要目标是通过充分传播,明确城市定位,完成阶段性的传播任务,增强市民的认同感,提升市民的自豪感,促使市民与政府共同为建设城市品牌体验而做出贡献。城市品牌传播之所以先从所在城市开始,是因为城市品牌形象的建立,根本上是由这个城市所有人的行为来实施的,计所有人都明确和了解自己城市所要最终达到的目标,这样不仅可以统一大家的认识和行为,而且还激发市民的斗志,鼓舞大家为之努力奋斗的士气。

城市品牌对内传播的手段,主要应充分利用报刊、电台、电视台等新闻媒体的主渠道作用,广泛深入地加强对市民的文明教育。让广大市民懂得,良好的城市品牌与他们每个人息息相关,每个市民都有享受优美城市文明的权利,同时又有维护城市品牌的义务。只有这样,才能营造共同的社区归属感、责任感和荣誉感,从而有力地促进城市品牌的优化与扩张。

(三)城市品牌对外传播目标与手段

城市品牌传播像企业一样,需要去做广告,搞公关,采取商业与外交相结合的手段,以强有力方式来对外宣传自己的城市品牌。城市品牌对外传播的目标,主要是促使人才、投资者、旅游者、外来者、中央政府或地方政府,对城市形成从知名到完整认知,造就期望的联想,促使品牌偏好,累积、强化、形成品牌拉力,提升原有的品牌体验,进而达到城市发展战略,以及城市营销的目标。

城市品牌对外传播的手段,主要是运用整合营销传播,即综合性地采用活动、广告、公关、直销等方式,也就是不同的传播手段,不同的媒体形式统一于相对一致的主题、元素、风格、语调,以达成多样化的统一。统一传播主题,我们可以通过软性宣传手段,比如,电视专题片中直接分析驱动旅游者前往泰山的深层次心理因素,挖掘他们对于泰山神圣地位的品牌认知,从而影响目标受众,传播泰山品牌定位,进而达到宣传目的。

对于城市品牌,广告是一个长效投资,越早占据人们的心理空间,所获得的心理地位就越大。比如,青山、绿水、现代建筑、高尔夫球场、海洋生物、俊俏的女交警,这是"浪漫之都"大连的电视形象广告。进入21世纪以来,中国越来越多的城市开始给自己做起广告。城市广告应该包含和传播三个因素,即这个城市有什么特殊价值?城市对外来人的态度是什么?城市可以为人们实现在这个城市的价值提供什么样的帮助?

这是一个在竞争投资者资源、旅游者资源、消费者资源及其他资源时,必须要表明的东西。让投资者、旅游者、消费者等清楚地知道这些,对城市竞争是比较有利的。当然,一座城市不仅仅要在电视上做广告,还要进行全面的城市品牌形象管理体系。

(四)提高政府机构、官员、全体市民的公关意识

公关意识是一种自觉的公关观念,它是指只要有机会和可能,有关人员就要自觉开展公关活动。放大到城市公关,就是只要能为城市做宣传、能扩大其影响的事情就要努力去做。反之,则努力抵制或立即采取补救措施。增强政府工作人员及市民的公关意识,对城市形象塑造极为重要。

城市公关意识的树立。第一,来自政府官员和全体市民对自己城市的热爱和忠诚。没有这种热爱和忠诚,就无法培养公关敏感,就不可能对公关环境的组合变化做出积极反应。第二,需要政府官员和相关人员掌握必要的公关知识和技能。强化公关意识,必须先从城市(政府)的主要领导做起,在其公务活动中,要努力抓住机会进行公关。

政府公关是城市公关的主要形式。所谓政府公关是指,政府为了更好地管理社会公共事务而运用传播手段,与社会公众建立相互了解、相互适应的持久联系,以便在公众中塑造政府的良好形象,争取公众对政府工作理解和支持的活动。

余明阳等从内部公关和外部公关两种形式,对政府公关内容做了以下归纳。政府内部公关:第一,城市领导人的内部公关可以通过内部的良性互动。一个良好的关系环境,有助于促进行政管理质量的提高。大连的城市品牌建设,就充分发挥了内部人员的智慧和凝聚力,共同致力于大连城市品牌建设。第二,通过政府内部公关,争取政府职能部门及其工作人员的了解、支持与合作。因为城市品牌建设最终必须由政府各职能部门贯彻实施,没有各职能部门及其工作人员的支持与配合,城市品牌就失去了其必要的组织保证。同时,城市品牌涉及众多领域和部门,是一个系统工程。必须在政府内部实施"全员公关",让政府工作人员转变观念,重视自身形象建设,从而树立起"廉洁、民主、科学、高效"的政府形象,最终促进良好城市品牌的建立。

政府外部公关:城市品牌传播需要一个良好的外部环境,这就需要政府开展各项外部公关活动,减少阻力。重要途径有:积极开展政府外部公关,争取广大市民的理解、支持与合作。重视与新闻媒体建立良好合作关系。加强与社会其他团体及个人的联系。积极开展国际交往,塑造良好的国际形象。通过举办一些有特殊意义和重大影响的活动或节日,来塑造城市品牌。通过吸纳民意手段,使得城市品牌塑造更完美。利用各种传播媒

介及手段,塑造城市品牌。制定完善的有利于城市品牌建设的规章制度。通过课题招标方式,吸引高层次的公关策划公司参与到城市品牌塑造中来。

(五)积极参与、承办国际、国内各项交流活动

争取多承办一些国际、国内会议,争取定期承办某些活动或会议。比如,海南的博鳌亚洲论坛、昆明的世界园艺博览会、瑞士小镇达沃斯的世界财经领导人峰会、北京的"一带一路"国际合作高峰论坛等,就是体现城市形象和气魄的活动,没有这类活动,就无法引来国内外关注的目光,城市形象就难以传递出去。

同时,还需要结合城市特色,举办或参与各种国际性、开放性的交流活动,不断把城市形象推介和传递出去,从而提升城市知名度和美誉度。正如很多人是通过音乐知道"维也纳";通过冰雪艺术知道"札幌";通过"兵马俑"知道"西安",通过"莫高窟"知道"敦煌"一样。

第五节 城市品牌的定位策略

一、城市品牌定位的内涵

(一)城市品牌定位的概念

定位是建立品牌的灵魂,城市品牌存在的价值是,它在市场上的定位和不可替代的个性,就如同产品品牌一样,著名品牌之所以屹立百年不倒,就因为它始终遵循着自己的定位和保持着与竞争对手的差异。任何产品和服务在市场上的竞争都离不开独特的市场定位,同样,城市也不例外。

定位是指目标受众对一个具体品牌的相对知觉。因为一个品牌,一般来说,并不是孤立的被感知或判断,而是相对于其他品牌被评价的,觉得一座城市人居环境好,必然存在一个与之相比较的城市人居环境不好。所以,城市品牌定位的目的就是要体现城市的个性,给人以明确、清晰、系统的整体形象。换言之,即为城市确定一个满足目标受众需求的品牌形象,其结果是获取目标受众认可从而使其消费城市产品。可以说,城市品牌是城市核心价值的高度概括、提炼,而城市品牌定位的实质就是将城市放在目标受众心目中,给它一个独一无二的位置,由此而形成这座城市鲜明的品牌个性。

(二)城市品牌定位与品牌定位

品牌定位的提出始于1972年,美国广告专家艾尔·里斯和杰克·屈劳特曾写了一系列名为"定位时代"的文章,刊载于美国专业期刊《广告时代》上,文章提出:"定位,是你对未来的潜在顾客心智所下的功夫,即要将产品在潜在顾客的心目中定一个适当的位置[①]。"即企业针对目标市场,建立一个独特品牌形象,并对产品品牌的整体形象进行设计、传播等,从而在目标顾客中占据一个独特的价值地位的过程或行动。品牌定位的理念一经提出,便受到企业家们的高度关注和普遍采用。

企业品牌定位与城市品牌定位的共同点在于,两者都基于"定位理论",都是要在目标消费者的心目中形成独特的形象,从而与竞争者形成差异。其区别则在于定位主体和客体双方面均有所不同。

主要体现在:第一从定位主体的角度来看,一般企业的品牌定位是针对一个单体形式的商品,或者是一项具体服务的产品,这样的定位针对性更强、更为具体,并且过程相对简单。而城市是有很多因素组成的,是一个复杂的空间组合体,城市品牌定位时所要涉及和考虑的因素各个方面,并且还要考虑到一个相对长的时间跨度,因而是一项整体性、系统性的定位工作。从定位客体的角度。消费者对品牌定位的认同周期不同。品牌定位只有得到消费者的认同,才能够达到真正的目的,"认同"则需要一个购买、使用和评价的过程。由于企业产品和城市产品的复杂程度、可达性等因素的不同,消费者对其购买、使用和评价的难易程度,均有不同,从而形成了消费者对城市品牌定位的认同,相对于企业品牌定位的认同,需要更长的感知时间,会形成更长的周期。所以,总的来说,城市品牌定位相对于企业品牌定位更加复杂,在定位过程中,时间维度成了更加重要的因素。

(三)城市品牌定位与城市定位

城市定位是指在社会经济发展的坐标系中,综合地确定城市坐标的过

[①] 冯占军,张清. 品牌定位:市场营销的战略制高点[J]. 中国商办工业,1000(11). 26-27.

程。城市是区域的核心，城市定位对于城市竞争力的形成和提高，对于区域的整体发展，具有重要的意义。

城市定位由定性、定向、定形和定量四个层面组成。所谓定性是指，确定城市的性质，即在详尽分析城市在区域社会经济发展中的各种职能作用的基础上，筛选出对城市发展具有重大意义的主导性和支配性的城市职能。

所谓定向是指，确定城市的发展方向，包括城市的发展方针、目标走向、战略模式等，这一工作是以区域分析、城市对比分析和发展战略研究为基础的。

所谓定形是指，城市形象的确定，这里不仅是指城市的代表性的景观特色，更重要的是指，城市的内在的、相对稳定的、个性化的东西。为此，必须处理好历史文脉的继承和发展创新的关系，处理好自然生态潜质和人文社会发展的关系，做到城市形象与城市灵魂、活力的有机融合。

所谓定量是指，从数量的角度给城市发展以某种形式的标定，它既包括城市人口规模、用地规模的确定，也包括城市经济地位、发展水平等的科学预测和数量分析。

从以上城市定位的含义和内容的分析中，可以看出，城市品牌定位和城市定位之间既存在着不同，也有着密切的联系。城市定位和城市品牌定位，都强调以最终能够提高城市的竞争能力、促进城市的快速发展为目的，这是两者之间的联系。

它们的区别则在于，城市定位，在一定的意义上，力求提高城市的"综合竞争力"，而城市品牌强调的则是城市的"核心竞争力"。

城市定位，是城市为了实现最大化的收益，根据自身条件、竞争环境、消费需求等的动态变化，确定自身各方面发展的目标、占有的空间、扮演的角色、竞争的位置等。涉及的方面非常宽泛和综合，从城市主导产业、区域功能、城市职能的选择，到城市形象（外在和内在）、城市规模（人口、用地等）、经济地位和水平等的确定，是对城市发展的各方面系统的、全方位的定位，力求从整体的角度提高城市"综合竞争力"。

城市品牌定位，则是从确定鲜明的城市个性的角度，确定城市未来的发展方向。所谓城市的个性，就是本城市所具有的别的城市无法替代性模仿，或者模仿成本极高的品牌资源，可以是独特的自然资源、历史沉淀的遗产、独具特色的文化、态度与价值观以及产业结构优势等,即强调形成城市"核心竞争力"。

城市的"综合竞争力"和"核心竞争力",是对城市竞争力不同层面的解释。综合竞争力强调"整体"的竞争能力,指出城市竞争力需要广泛地调动城市各界的"分力",每一个"分力"对城市的发展都要做出有益的贡献。核心竞争力强调"不可替代"的竞争能力,即城市各"分力"并不是均质的,要围绕几项具有独特优势的、又能适应外部竞争的核心能力团结协作,这样才能扬长避短,使城市与其他竞争者形成差异。而具有"核心竞争力"的城市必然会形成更强的"综合竞争力"。从这个意义上来看,城市定位和城市品牌定位虽然有所不同,但也有着深层的密切联系。

(四)城市品牌定位的价值

1.城市品牌定位是城市核心竞争力的表征

城市的竞争优势来源于其拥有的难以模仿的资源能力。例如,物理的独特性、路径的依赖性、因果的含糊性、经济上的制约性等,品牌产生于城市与受众相互信任、忠诚的关系中,是在长期交往中逐渐形成的,是综合能力的体现。具有难以模仿、路径依赖和因果模糊的特征。品牌作为城市形象、技术素质与产品品质的综合代表,既是竞争的结果,又是竞争的手段,不仅表现在产品层次上,而且还是一个综合的结果和表现,具有地域性、关联性和有效性,能够整合城市资源、降低成本、吸取与集聚生产要素,给受众带来独特价值和利益的功能,可促进城市协调、可持续发展。通过品牌竞争力的提升,可以推动城市核心竞争力的形成。

从城市自身角度来看,城市品牌既包括城市所属的产业品牌、企业品牌,也包括城市自身的品牌。城市品牌既是城市的性质、名称、历史、声誉,以及承诺的无形总和,同时,也使目标受众对城市产生清晰明确的印象和美好联想。它既是城市个性化的表现,也是城市经济活力的体现和城市精神的塑造。其不但可以实现受众、城市、社会三者关系的协调发展,而且还可以综合体现城市的核心竞争力。

2.城市品牌定位是培育城市核心竞争力的关键

城市定位主要由定性(城市性质)、定向(发展方向)、定形(城市形象)、定量(城市规模)四个方面组成,涉及城市在不同尺度区域空间社会经济地位(包括社会文化联系、经济分工关系及空间区位关系等)、社会经济发展战略、社会经济发展特色三个层次。决定城市品牌定位的主要因素有历史背景、经济地理位置、产业发展现状、城市人口与经济规模,以及与其他城市的关联情况等。城市定位的研究理论主要有城市群理论、区位理论、比较优势理论、共生理论等。城市品牌定位的实质,就是让城市在目标受众心目中占据一个独一无二的位置,城市品牌定位应具有融合性、地域性、融进本地区的环境因素,与人文因素与自然风貌构成相互依存关系,体现人们的审美取向,从而在动态中满足内外顾客的不同需求。

城市品牌定位在中心战略上,着重是发展目标,有明确的竞争力城市作为战略参照物,识别一个有吸引力的目标,选择一个有利的定位,采用相应的保护性策略,采用这样独特而准确的目标定位,使城市竞争具有优势。在因素构成上,经济综合实力、产业竞争力、企业竞争力、科技竞争力是构成城市竞争力模型的核心因素,并且受金融环境、政府作用、基础设施、国民素质、对外对内开放程度、城市环境质量等基础和环境因素的支撑。从某种意义上讲,城市核心竞争力,实际上就是特色产业的竞争优势,城市在区域分工中专注于自己最擅长的优势产业,依靠对其的持续投入,形成专业人才与信息的集聚,激发创新,从而在竞争中始终保持优势。

二、城市品牌定位的原则、视角与实施要点

(一)城市品牌定位的原则

城市品牌定位有其内在的规律性,一般以时空四维中显示的感性规定为前提,以历史内涵的发展逻辑为核心,形成极为复杂的关系。包括协调性关系,如三维空间的协调、和谐与统一,人口环境与自然环境的协调,城市与周边地区的经济联系及城乡协调等。连续性关系,如城市实体空间的连续、功能转换的连续、社会文化历史的连续等。

同时,城市品牌在很大程度上是靠人来体现的,人既是城市品牌再现的主体,也是城市品牌评价的客体。城市品牌定位的核心思想,就是要以人为本,以更好地满足人们的物质文化和精神文化需求为终极目标。中外许多城市的品牌,都是在历史的发展中自发形成的,并没有谁特意为某一城市的品牌定位或定名。但是,在市场经济条件下,随着城市之间竞争的加剧,就产生了有组织地为城市品牌定位的需求,在我国率先有组织地为城市品牌进行定位的城市就是成都市。为了确保城市品牌的价值,城市品

牌定位必须遵从一些基本原则。

1. 真实性原则

城市所确定的品牌需要符合自己的真实性,决不能名不副实。名不副实的城市品牌,不管多么悦耳动听,都是没有生命力的,对城市的发展也是毫无意义的。

假如,一个城市拟定品牌为"现代电子城",但是,这个城市却没有电子产业,也没有关于电子的研发机构,更没有出现过电子学的名师和建有电子专业的院校。如果只是觉得"电子"富有时代感而任意命名,则会徒有其名而贻笑大方。所以,真实性原则是城市品牌定位的第一原则。

真实性原则意味着城市在做品牌定位时一定要务实,要切合城市的实际,不能贪大,不能追风。现在公认的"国际化大都市",其主要标准概括起来为:主要的金融中心、跨国公司总部所在地、国际性机构的集中地、第三产业高度发展、主要制造业中心、世界交通的重要枢纽、城市人口有一定规模。有关国际组织曾对世界公认的"世界城市"进行评议时,除伦敦、纽约、东京等几个城市外,其他城市只具备国际性城市的一部分功能。

就目前看,国内尚没有一个城市能称得上是国际化大都市,今后也不可能仅中国就有十几个。江苏省昆山市的定位就很实际,20世纪90年代初,昆山市充分利用紧邻上海市的地缘优势,提出"呼应浦东""错位发展""主动接轨",做"上海市后花园"的发展思路,主动与上海市融为一体。在配套设施建设上,建立连接上海市中心区和港口机场的基础设施;在软环境建设方面,政府随时了解上海市及浦东市发展形势,学习并执行,上海市及浦东市的政策、管理、服务等标准;积极到上海市招商,千方百计把徘徊在上海市的企业引向昆山市;还积极利用上海市的金融、会计、律师等创业服务体系。由于能借上海市的"阳光",同时,又有一些上海市不具有的优势,昆山市终于成为国际资本的高密度投入区。

2. 差异性原则

成功的品牌定位策略在于能制造差异,制造特色,能使品牌从竞争中突显出来。没有个性的城市,就没有差异化竞争优势,个性是城市的魅力所在,是城市灵魂的载体。城市定位要避免趋同,应当依据自身的资源基础和可能性,尽力追求独具特色,与众不同。每个城市所处的自然环境不同、产业基础各异,而且经过代代相传的文化积淀,形成了独特的地域人文性格。城市在进行个性塑造时具备了良好的先决条件。比如,巴黎市作为"时尚之都",经过了几个世纪文化和经济的积累,从卢浮宫到香榭丽舍大街,均成为引导世界时尚的独特标志。

在确定城市定位视角时,应该围绕城市的特色和个性做文章。也就是说,要充分考虑城市的历史、文化、环境和产业等特点,既要保持传统优势和地方特色,又要有新的创造和发挥,从而塑造个性鲜明的城市形象。城市的个性越突出,影响的范围就越广,升值的潜力也就越大。

3.导向性原则

已经流传的城市品牌,并不都具有积极意义。例如,国内某城市已有的建设水平和城市的地位很不相称,市民对本城市建设不满意,就讽刺地把自己的城市传称为"大县城"。无独有偶,还有的城市市民,由于同样的原因,把自己的城市挖苦为"大乡村"。"大县城""大乡村"虽称不上为正当的品牌,但它已具有了某种品牌的性质,它也具有某种真实性和专属性,而且为相当一部分公众所认同。这类品牌虽不能说完全没有积极意义,但是,它至少缺乏应有的导向性。

富有导向性的城市品牌,对广大市民应具有激励性,对城市发展应具有推动作用。具体来说,对内应具有凝聚力,对外应具有吸引力和辐射力,它对城市的繁荣和健康发展,应具有引导作用。所以,导向性是城市品牌定位不可缺少的原则之一,有组织地进行城市品牌定位,必须考虑品牌的导向性问题。昆明市定位为"春城"、哈尔滨市定位为"冰城"、杭州市定位为"世界休闲之都"等,都直接导致了这些城市旅游业的大发展,进而又由旅游业带动了经济的整体提升。

4.美誉性原则

城市品牌应是一个褒义词而不是贬义词。在真实性和专属性的框架内,城市品牌的美誉性越强,对城市凝聚力、吸引力和辐射力的增强,越有好处。"上有天堂、下有苏杭"这一千古传颂的苏杭城市品牌,在苏杭自然景色之上又增加了一层人文景色。"桂林山水甲天下"这个桂林市独有的城市品牌,使桂林市美上加美,赢得五洲宾朋广泛赞誉。

5.认同性原则

一般说,贯彻真实性、专属性、导向性和美誉性等诸多原则的结果,就必然能获得城市内外广大公众的认同。公众无法认同的品牌即使再好,也没有生命力。相反,公众认同的品牌即使官方不认可,也会不胫而走。重要的是,有组织地为城市品牌定位时,要设法测度公众的认同程度,并设法引导公众认识的趋同。

上述五项原则具有较强的内在关联性,在为城市品牌定位时缺一不可。有了这五项原则,就有了为城市品牌定位的依据。需要提出的是,在选择和评价城市品牌,需要打分进行定量分析时,是否需要对各项原则分别加权,这是需要进一步研究的问题。

6.协调性原则

城市品牌的定位也要与城市的主导功能相协调。所有城市都是多功能的,在日常的运营过程中,城市扮演着政治实体、经济实体、生产实体、消费实体和服务实体的多重角色。然而,由于各个城市处于不同的自然状况和社会进程当中,其内部功能的发展就不可能千篇一律,必然有某种或多种功能更强、成长更快,从而居于主导地位。主导功能决定了城市的性质,体现了城市的个性。城市品牌的定位视角,还应与城市性质相协调,把城市主导功能的潜在作用充分发挥出来。

7.可持续原则

打造城市品牌是一个由长远规划、阶段目标、监督管理、系统化作业构成的完整系统,不可追求即时的城市热效应。城市品牌的定位一旦确定,必然具有一定的稳定性,因而在选择城市品牌定位视角时,就需要有一定的前瞻性,使城市品牌的定位,在未来一个时期内,可以引导城市的发展方向。城市品牌定位的可持续原则,还要求将城市的传统和未来连接起来,避免单纯基于历史的定位。具有很好持续性的城市品牌,还应该具有产生较强晕轮效应的能力,使城市品牌可以惠及城市发展的各个方面。

(二)城市品牌定位的视角

选择城市品牌定位视角,是城市品牌化战略实施的关键。视角的确定既是城市现状的描述,更是城市未来发展的航标。在遵循以上原则的基础上,可从以下几个视角进行城市品牌定位。

1.特色资源

对于城市来说,自身的资源就是实力,就是竞争力,凝聚并体现着城市的功能、理念、整体价值取向,以及由内向外的辐射力。尤其是当城市资源、功能本身与其他城市有明显差别时,让定位利益和城市特色相统一,就更容易让受众接受。城市自身资源是多种多样的,定位的依据可以是自然形成的,如雅安的雨、桂林的山水。也可是人文的,如历史遗迹、独具风格的文化与价值观、产业结构优势、土特产品、机关政府、学校教育等。每个城市应当根据自身的特色资源,在尊重自然和文化的前提下,发掘、保护、利用、实现自然同城市、文化同城市相互融合,构造独具特色的城市风格,有力地支撑城市的未来发展。

作为我国城市品牌建设的先行者大连市,就是利用自身特色资源实行城市品牌定位的成功典范。大连市素有中国"北方明珠"之称,具备得天独厚的自然环境和宜人的气候,"环保"和"旅游"相应成为大连市的优势产业。如何整合环保和旅游优势产业,从国内众多的海滨城市中脱颖而出,是大连市城市品牌定位的关键。

大连市经过认真分析自身特色资源,最终把城市品牌定位的视角放在"环境"上。20世纪90年代后期,大连市实施"城市环境名牌"战略,通过对大规模的旧城改造和拆迁,实施了"拆墙添绿""广场生趣"等一系列环境建设,使大连市在城市建设方面成为全国的佼佼者。

大连市正是通过对自身特色资源的利用,对城市环境的大力打造,其"浪漫之都"的旅游品牌才能孕育而生。由此看来,特色资源通常可以作为品牌定位的首选视角。"花园城市"新加坡、"水之城"威尼斯、"坡道之城"旧金山等,也都是在品牌化过程中顺应、利用和尊重富有特色的自然因素,克服伴随城市的发展变化而带来的弊病、矛盾,最终找到了城市发展的合理方向,使原城市的特色资源浓缩成城市品牌的竞争优势。

2. 支柱产业

支柱性产业的发展状况影响着城市的发展,也影响着城市未来功能的进一步增强或变化。任何一座城市都有一个或大或小的产业(含产品)集中地,区别只在于产品和产业的门类有所不同。如果某城市的某种产品稳定地拥有较大的市场占有率,对内对外都具有较强的辐射力,进而成为支撑该城市经济发展的主导力量,那么,这种产品可以构成城市品牌定位的因素。例如,德国慕尼黑被称作汽车城、啤酒国,是因为宝马这一世界顶尖级的轿车工厂和享誉全球的啤酒工厂都坐落于此,宝马的品牌就是慕尼黑的城市品牌,而慕尼黑啤酒作为德国啤酒的代表,不仅是慕尼黑这座城市的品牌,更体现了日耳曼民族的啤酒文化,其精髓是人们在品尝啤酒的醇厚浓香时,可以领略到作坊啤酒文化所带来的激动与感慨。

3.区位特征

区位特征对于城市而言,是指城市与其他主要城市、相关区域的相对位置特征和空间地理关系。特殊的区位特征通常是城市形成地缘经济、地缘文化、地缘政治的重要因素,也是城市竞争和发展的初始条件。国内外许多城市都是借助于区位的便利因素,建立自己品牌定位的方向,使区位特征在城市其后的发展中产生重要的影响。

例如,重庆市被称为"山城",武汉市被称为"九省通衢",广州市被称为"祖国的南大门"等,就是由地理区位特征决定的。国外有名的城市法兰克福,也是因为它是欧洲的航空和铁路的交通枢纽,形成了城市的地缘经济依靠物流货运,世界著名的物流公司德国敦豪的总部就在法兰克福,法兰克福也由此被定位为交通港、物流城。

4.竞争优势

竞争优势主要指一个城市在竞争和发展过程中与其他城市相比较,所具有的吸引、争夺、占领市场以创造价值的能力,以找出一个自己处于优势的"竞争性定位"。竞争性定位最大的特点是,能够与竞争对手形成鲜明的对比,使自己的品牌脱颖而出,在竞争中建立自己的城市品牌地位。

中国社会科学院倪鹏飞博士提出,通过实证方法对城市涉及竞争力的各方面指标进行评估,将评估数据作为城市品牌定位的依据。例如,成都市根据发展目标,选取了重庆、成都、贵阳等九个西部城市作为竞争研究对象,选取69个指标进行品牌定位分析比较,认定人居指标相对于其他城市具有竞争优势,将城市品牌定位为人居品牌。

5.政策引导

国家政策引导对城市发展和目标定位有着重要的影响,能够决定城市品牌定位的走向。人们熟悉的中国澳门地区即是成功一例。中国澳门地区资源极度缺乏,但澳门特区政府允许赌博的特殊政策,吸引了大量的游客,赌博成为其品牌。还有上海市浦东地区和深圳特区的兴起,也是政策引导定位的典型。

6.历史文脉

城市品牌定位要考虑城市与历史文脉的纵向联系。城市从历史中走来,带着深深的历史传统和烙印,不同的历史演绎了不同的文化,不同的地域形成了城市各自的特色。要在充分研究城市历史发展的基础上,找到城市的特质,从历史、现状和未来的发展趋向,对城市进行判定,寻找现代信息与传统文化的存续点和连接点,使城市品牌定位具有排他性和权威性。比如,巴黎市的浪漫与休闲、威尼斯市的水景与人文环境。这些不同的定位使其城市的渊源得到延续,也使现代文化得到充分的发展。中国香港地区被定位为国际化大都会,是其发展历史的积淀和文化的凝结,展现了城市文化和存在功能的一种水乳交融状态,散发出迷人的魅力。

优秀的城市品牌的诞生,是一个复杂的系统工程,要求城市经营者在城市品牌化过程中,实事求是,因地制宜,与时俱进,着眼于城市未来的地位和形象,运用系统的观点、科学的方法,遵循城市品牌定位的原则,合理选择定位视角。这样打造的"品牌",才能切切实实地对城市发展产生积极的推动作用。

(三) 城市品牌定位的实施要点

城市品牌定位是一个价值凝练、个性发掘的过程,需要按照科学的方法,从诸多形成要素中,进行综合、概括、抽象、比较、筛选和创造。同时,又是一项具有历史性、慎重性的文化工作。

中国社会科学院经济研究所李诚勋指出,根据已有的经验,做好这项工作应掌握好以下实施要点。

1. 媒体发动、代表研讨和问卷调查三种方式互动

市民的广泛参与,要靠各种媒体的发动、引导和交流。组织各界代表研讨,便于对品牌定位的选择、比较和提升。问卷调查,可扩大和规范信息源,是对品牌定位进行定量分析的重要手段。这三种方法在定位的全过程中全面进行、互相推动。

2. 收集外界的评价是重要的补充手段

城市都具有开放性,城市的物流、人流、信息流,可以在较大的空间内流动,从而使外界受它的影响。同时外界也必然对城市给予这样或那样的评价。在给城市品牌定位时,要应用各种手段和方式。可外出访问,或通信联络,或邀请驻外地人士座谈,或向流动人口发放问卷,以及收集外地人士,包括外籍人士对本市的评价,这些都是城市品牌定位的重要参考。

3. 城市品牌的选择和创新要做到官方、专家、市民三结合

在品牌定位的全过程,官方的组织号召、专家的研究论证和市民的广

泛参与,都是不可缺少的。专家的研究论证在于,提升和深化品牌的内涵,市民的广泛参与在于,最充分地吸收智慧,和最终求得最大限度的品牌认同,官方的组织号召,则是连接专家和市民的纽带,是定位过程顺利进行的保证。

上述三个实施要点围绕的核心问题在于,发掘城市的个性,并让这种城市个性为最广泛的城市消费者所接受。这是各种定位问题始终围绕的核心和成功的关键。只有通过价值的凝练、个性的发掘,才能形成真正具有独特竞争优势的城市产品,而这种"独特性"也只有被广大的城市消费者所接受,而不只是纸上谈兵,才能真正转化为品牌力,广为传播、深入人心。

三、城市品牌定位的类型

(一)按目标受众类型划分

根据目标受众的类型,将城市品牌定位可划分为人居型、旅游型、资本聚积型和产品(服务)市场型品牌四类。

1. 人居型品牌

人居型品牌以吸引其他城市或地区的居民为目标,从而获取税收的增加,或带动房地产市场、人力资源市场、餐饮服务业等消费产业的发展,对于中小城市还可以带动其规模效应。

2. 旅游型品牌

旅游型品牌以吸引旅游者(包括商务旅游)为目标,在获取旅游业发展的同时,带动相关产业(如会展业、交通、住宿、餐饮、零售业等)的发展,并提供巨大的就业机会。

3. 资本聚积型品牌

资本聚积型品牌在这里主要指产业资本。城市凭借优越的投资环境吸引产业资本的聚积,包括重工业、"清洁型"的组装产业、公司总部、服务型公司等,同时,也包括新企业的创办、小企业资金的注入等。大量的产业资本注入可以为城市带来巨额的税收和解决城市的失业问题。

4. 产品(服务)市场品牌

产品(服务)市场品牌可简称产品市场品牌。产品市场品牌主要是一座城市凭借自己所拥有的独一无二,或具有垄断地位的产品(或服务)行业,产生具有较高商誉的"原产地形象",从而使得城市其他相关行业的产品在市场上获得附加的竞争能力,产生高的市场声誉。产品市场的发达,就会带动资本的聚积与人力资源的集中,反过来,又会提高整个城市产品的市场声誉。

(二)按资源要素划分

按城市资源要素的不同,不同类型和性质的城市,在国际、国内所发挥的政治、经济或文化的作用也不同,城市品牌定位分为政治型、历史型、经济型、自然地理型、文化型和特殊活动型等六种类型品牌。

1.政治型城市品牌

政治型品牌城市通常是国际性组织所在地或国家的首都。比如比利时的布鲁塞尔,就有欧洲经济共同体、欧洲煤钢联盟、北大西洋公约组织总部和数百个国际机构设在该市,因而有"欧洲首都"之称。

最早的城市一般都是国家和民族的行政所在地,是国家机器的一部分。今天的政治型品牌城市,通常是国际性组织所在地或国家的首都、省会等。所以可以分为都府型和专职功能型。都府型的政治城市,如美国的华盛顿,它是一个专门作为首都而建的城市,还有伦敦、柏林、北京等。专职功能型的政治城市是指具有特殊的政治功用或具有某种象征意义的政治职能城市。例如,瑞士的日内瓦云集了联合国驻欧洲办事处、国际劳工组织、世界卫生组织、国际红十字会总部等200多个国际机构,是一个多功能的国际政治中心。

2.经济型城市品牌

经济型品牌城市是国际性或地区性的经济活动与资本集聚地,或工业生产中心。比如瑞士苏黎世,是历史悠久的国际金融中心与主要的黄金市场。美国底特律是世界著名的汽车工业城,而亚特兰大则是可口可乐总部所在地。我国的工业中心城市有瓷都景德镇、钢城鞍山、煤都淮南等,还有青岛市是通过打造海尔、海信等驰名商标,来推动城市品牌的建设。

3.历史型城市品牌

历史资源是城市文化品位的重要表现,是一座城市成为名城的一种最独特的优势。历史使城市在其发展过程中,沉积了丰厚的文化遗产与结晶,并受到一些特殊因素的影响。这样,就很容易形成独特的城市特色,从而保留城市的历史痕迹本身,就成了它们个性化的特征。

以历史资源为主导因素塑造的城市品牌可分为三类。

历史人物型品牌城市,多为重要历史人物的籍贯、故地或者以其姓名命名,如湖南省韶山市、广东中山市等。

历史事件型品牌城市,多为历史上著名事件的发生地或涉及地。比如"诺曼底登陆战"的发生地法国的诺曼底市,曾遭受原子弹袭击的日本广岛市和长崎市,欧洲文艺复兴运动的中心意大利佛罗伦萨市等。

历史遗迹型品牌城市,多为历史重要遗迹的沉积地和保存地,比如意大利罗马市和希腊雅典市,中国的西安市和洛阳市等。

4. 自然地理型城市品牌

自然地理资源也是城市品牌形成的基础和源泉,也是城市品牌差别的本源要素之一。自然地理型城市品牌主要是源于自然地理环境的独特优势,包括气候、地质、地形与地貌、水系,以及其他自然资源。比如,意大利的"水城"威尼斯、中国的黄山等。

以自然地理为主导因素塑造的城市品牌可分为两类。一是旅游型品牌。旅游型品牌城市是指,以旅游业作为城市经济的主要支柱,并以旅游业的发展作为城市的根本动力的城市。比如,美国夏威夷的火奴鲁鲁,这个太平洋上的璀璨明珠,知名度之高,远胜过美国的许多州府,其人口不足40万,但每年来此度假览胜的世界游客高达800万之众。二是交通型品牌城市。其依靠优越的地理位置,而成为国内或国际性的交通要冲。例如,德国的法兰克福是欧洲最主要的国际航空港之一。新加坡因其地处连接印度洋与太平洋的咽喉马六甲海峡,而成为世界上最大的集装箱码头和最主要的海港之一。我国的郑州市、武汉市,也都是国内的交通中心城市。

5. 文化型城市品牌

城市是文化的载体,文化是城市的灵魂。文化综合反映了城市各个方面的成就。文化型品牌城市都具有独特而古老的文化遗产与传统,或代表了时代潮流而地位显赫,或是现代科技教育特别发达。比如意大利的威尼斯市,就是以其瑰丽的中世纪建筑、丰富的历代艺术珍品和奇特的"小城"风貌而闻名于世。文化型品牌城市还可以具有独特的文化遗产与传统,如"音乐之都"维也纳市、"时尚之都"巴黎市、古典园林之城苏州市等。

6.特殊活动型城市品牌

富有特色的文化经济活动,特别是会展节庆活动,也是城市品牌形成的重要资源和要素。许多城市都着力打造"特色活动",通过这些活动来聚集目光以达到塑造城市特色,宣传城市形象的目的。这些富有特色的人文活动作为城市的文化行为符号,在正面意义上,促进了城市品牌的形成和推广。最为显著的例子就是,奥林匹克运动会的主办城市,就具有这种"特殊的城市识别和魅力"。法国南部小城戛纳市由于一年一度的国际电影节而被视为"影坛圣地",还有山东省潍坊市的"风筝节"、珠海市的"航展"、宁波市的"服装节",都是一种城市品牌的创作典范。此外,一次重大会议的召开,一部著名电影的拍摄,一支球队的夺冠等,具有巨大影响力的人文活动,都对城市品牌起着积极的刺激和孵化作用。

不同于其他的品牌分类,城市品牌的类别界限并不绝对化,而且还存在一定的交叉和重叠。以北京市为例,其城市"特有资源"相当丰富。它既可以归为政治型城市品牌,又可以属于文化型城市品牌,还可以分在历史型城市品牌之列,甚至就历史型城市品牌之列,它又可以同时满足历史事件型城市品牌和历史遗迹型城市品牌的条件要求。

四、城市品牌定位的流程

城市如同产品一样,在发展过程中,都不可能满足所有消费者的需求和欲望,只有集中于有限的城市消费者市场,才有可能在目标市场上形成竞争优势。城市品牌定位可运用STP战略进行准确的品牌定位,确定适合自己城市发展的目标市场,从各方面培养和强化自身的特色,塑造特定的城市品牌形象,以求在顾客心目中形成一种特殊的印象和偏好。

城市品牌定位的流程包含城市消费者市场细分、城市目标市场选择和城市品牌的具体定位三个阶段。

(一)城市消费者市场细分

城市品牌定位的市场细分是指,根据城市消费者的不同需求和特点,把城市消费者划分为若干个具有相似需求、可以识别、规模较小的消费者群体的分类过程。城市消费者市场通过细分,被区分为不同的子市场,任何一个子市场的城市消费者都有相类似的消费需求,而不同子市场的城市消费者则存在需求的明显差异。

细分市场的出发点，是辨别和区分不同消费需求的城市消费群体，以便更深刻、更细致地识别某一部分城市消费者的需求，从而寻找与城市资源条件相适应的城市消费者市场。只有通过市场细分，每座城市才有可能创造出更适合于目标消费者的城市产品和服务。

城市的目标受众有四类，即新的居民或雇员、产业和投资者、旅游者、产品与服务市场。城市消费者市场可分为四个细分市场：新居民或雇员市场、投资者市场、旅游者市场、产品与服务市场。

1.新居民或雇员市场

城市对新居民或雇员的吸引力，通常也是取决于其价值实现的可能性。一个非常易见的两难境地是：城市发展需要一定人口数量的存在，但是，新居民和雇员又加重了城市的负担。从经济学角度加以考察，这其实也是一个利润平均化的过程，正是因为具有吸引力的城市存在更大的效用空间，具有较多价值实现的可能，原先处于劣势环境的人们才不辞辛苦地挤进来。在此作用下，"马太效应"同样可以在城市发展中发生，大城市越来越成为各种经济因素的集聚体，从单个城市扩大为卫星城市网络，继而发展为城市集群，而中小城市则在生存线上挣扎，一些小城镇甚至缺少必要的专业人士，如医生等，其发展前景堪忧。

是否吸引新居民或雇员，及如何控制规模等，都需要慎重选择。从扩大城市规模的角度来看，城市如果想要吸引新居民或雇员，则必须构建适宜的人居环境，并根据不同阶段的消费群体特征，完善相应内容的建设，如吸引年轻家庭，尤其需要关注教育和安全方面的问题，而对于年老家庭，文化、游憩等休闲设施，则是其考虑的主要方面。

2.投资者市场

对投资者而言，他们关注较多的是投资环境与投资风险，这也是为何许多学者不厌其烦地研究国家与地区的投资环境与风险问题。几乎所有的中国城市都非常注重招商引资，因为大投资者对城市的选择，不仅会给城市带来资金和就业机会，还会通过他们对城市的信心，而影响其他企业对城市的选择。中小企业对城市的发展和经济增长有重大的意义，它们对缓解城市的就业压力和社会矛盾做出了重要的贡献，广泛而发达的中小企业群体，是城市社会稳定、高速发展的基础。城市在面对投资者细分市场时，要根据城市整体发展目标对产业进行取舍。

一般而言,大城市实施多元化战略,中小城市采取专业化战略,高等级城市占据更多朝阳产业和高端市场,低等级城市选择相对最佳的产业部门等,都是当前各城市为吸引投资者采取的战略决策。

3. 旅游者市场

旅游者市场对城市经济的贡献,主要体现在数量和质量两个方面。数量取决于旅游总人次的规模大小,质量则取决于单位旅游者的花费和停留时间两个指标。

国外的很多城市设有独立机构对旅游者市场进行专门营销,因为商务旅游相对于大众化的休闲旅游,能够带给城市的收益更大。操作商务旅游和会展活动的机构通常较多。美国城市的会议与观光局系统认为,自己吸引的是以商务旅游为代表的高端市场,对城市经济的贡献率高。国内城市大多设有旅游局之类的管理机构,对旅游者进行招揽。但是,尚未对两大群体进行细分。随着经济发展水平的提高,商务旅游高端市场的潜力开始凸显,业内人士也开始关注会展业的发展。城市旅游细分市场的特点在于其高流动性。如果定位于该细分市场,则对其市场规模、需求特征、竞争地位等因素,要进行全面的分析和慎重的考虑,而不能偶然性太强,否则,一个直接的后果就是设施过剩,造成城市资源的浪费。

4. 产品与服务市场

一般来说,消费者对某城市生产的产品具有总体性认知。这种认知源于消费者长期形成的对该城市生产和营销的印象、体验和感受。这种总体性认知,将影响消费者对来自该城市的其他企业品牌的评价,进而影响其购买倾向,即所谓的"原产地效应"。某品牌原产地给市场长期灌输某种形象,消费者就会对该城市品牌形成固有认知模式。

品牌原产地形象是城市品牌的信誉,是长期形成并且难以轻易改变的。比如,德国是世人公认的"处事严谨的国家",捷克是高档玻璃制品的生产国,法国是时尚潮流的发源地等。如果来自这些城市的新的企业品牌想要进入市场,例如,德国的精密仪器企业、捷克的玻璃制品企业、法国的时装企业,会得益于原产地效应,而更容易为世人所接受。

(二)城市目标市场选择

选择城市目标市场时,要确定目标市场的评价标准,即选择依据。在城市目标市场选择依据的基础上,对城市目标市场进行选择。

目标市场的选择依据,也就是如何评价细分市场的问题,即如何确定该细分市场是否能够成为城市品牌定位最终的目标市场。

主要的选择依据有三个方面。第一,目标市场对产品的评价标准。即要了解城市产品的消费者所感兴趣的最大偏好和愿望,以及他们对优劣的评价标准是什么,以努力搞清楚顾客最关心的问题作为定位决策的核心依据。第二,竞争者的定位状况。要了解竞争城市在提供何种产品和服务,在目标市场心目中的形象如何,并估测其成本和品质情况。城市一方面,要确认竞争者在目标市场上的定位;另一方面,要正确衡量竞争者的潜力,判断其有无潜在的竞争优势,这是定位的重要依据。第三,城市在目标市场潜在的竞争优势。城市要先确认自身资源是否能够满足目标市场对城市产品的要求,并且城市潜在的竞争优势是什么,然后才能准确地选择竞争优势。城市目标市场的选择过程,是一个全面系统的分析过程,也是城市对自己的全面审视和认识过程。城市目标市场可以采用SWOT定性分析方法和主成分分析方法进行选择。

SWOT是一种常用的战略分析方法,通过对内部能力:优势和劣势,以及外部环境:机遇与挑战的分析,可以找到相应的城市品牌定位和战略对策。在外部环境的分析中,可以考核城市消费者对于城市产品的要求,以及竞争者所拥有的竞争资源。在内部能力的分析中,可以衡量城市自身的资源状况、潜在竞争优势等。通过内部能力与外部资源的匹配和比较,最终可决定城市目标市场的选择。

主成分分析法是将多个变量化为少数综合变量的一种多元统计分析方法。通过对城市品牌资源进行主要成分分析,可以将城市资源与竞争对手的资源进行对比,从而确定城市的竞争优势,再加上对目标顾客群体需求的分析,就可以确定城市目标市场的选择。

(三)城市品牌的具体定位

城市品牌的具体定位,就是根据目标市场的特点,以及城市自身条件,为城市在目标市场上确定一个适当的位置,在城市消费者心中树立起特有的城市形象或个性特征的过程。也可以说,城市品牌的具体定位,是选择和制定定位策略的过程。城市品牌的具体定位可以采用开拓性定位、竞争性定位和补充性定位。

1.竞争性定位

把城市品牌定位在与竞争者相似的位置上,以便同竞争者争夺同一细分市场。实行这种品牌定位战略的城市,必须具备以下条件:第一,能比竞争者提供更好的城市产品;第二,该市场容量足够吸纳其所生产的产品;第三,比竞争者有更多的资源;第四,市场位置与城市的特点、信誉相适应。

例如阿联酋的迪拜把一些举世闻名的特色城市作为竞争者,把自己的城市称作"沙漠上最令人兴奋的城市",与其他城市展开直接竞争。"它有最美丽的海滩,但不在澳大利亚;它是世界上最安全的城市,但不在新加坡;它有富有的城市旅馆和极好的海滩去处,但不是雅加达和巴厘;它有世界级购物中心,但不是中国香港地区。"通过这些描述,迪拜的城市营销人员把这个中东的商业和旅游中心给旅客的感觉进行了形容,给人们想象的依据。

2.开拓性定位

当城市意识到自己无力与其他强大的竞争者相抗衡,从而获得绝对优势地位时,可根据自己的条件取得相对优势,即突出宣传自己与众不同的特色,在某些有价值的城市产品属性上取得领先地位。

比如威海市,这个过去曾经因为军港而多少带一点神秘感的城市,通过参与一系列的国际城市认证,从而取得了"最适合于人类居住的城市"这一市场的领导地位。中国自然条件比威海市更优越的城市还有不少,同样,也有不少适宜于人类居住的城市。但是,像威海市这样,把握住城市独有的产品特色、在目标市场消费者心目中,积极地突出这一独有特色的城市则不多。

3.补充性定位

寻找新的尚未被占领的但为许多消费者所需求的市场进行定位。这种定位战略通常有两种情况。一是未发现的潜在市场,即营销机会没有被大家发现。在这种情况下,城市较容易取得成功。云南省的中甸县,成功地把县名改成了香格里拉,把传说中的美丽人间仙境引入到自己的城市品牌上。现在,香格里拉已经是闻名遐迩的旅游胜地,中外游客神往不已。二是许多城市发现了这部分潜在市场,但无力去占领,这就需要有足够实力才能取得成功。同样是针对旅游者,可以向他们提供一些其他城市无法提供的产品和服务。由于在亚洲很多地方,赌博是非法的,因而中国澳门地区的博彩业有了最好的卖点。

第二章 城市品牌的构成要素

虽然城市品牌涉及城市形象、营销推广等内容，但它的内涵要大于城市形象、城市营销这类的概念。因为城市品牌是综合性的，需要与城市形象相符，并能满足城市营销的需求，这就使得城市品牌必须基于城市主体发展的趋势并体现其不可替代的独特性。城市品牌是一个集合，包括多种要素，它们从各个层面体现了在统一主旨下的城市品牌塑造的多重内容：城市品牌符号、城市品牌定位、城市形象、城市品牌传播等。

第一节 城市品牌的符号

一、符号与视觉化城市

我们生活在一个充满符号的世界。品牌符号是品牌的重要组成要素，人们通常依靠符号来进行品牌识别。在城市品牌塑造过程中，需要恰当的符号表现来进行品牌的推广与传播。

城市品牌是一个城市宣传自身形象的过程中，根据城市未来的发展战略，以及城市定位所传递给国家乃至国际社会的核心概念，城市的品牌符号有助于表现这些抽象概念，使其能够被公众理解并有助于进行城市形象识别。

城市符号作为一种视觉语言，与文字语言有着共通性，是人类社会文化与思想沟通及互动的有效传播媒介。从视觉传达的角度来看，城市符号以其独特的、准确的、简约的方式将城市的多元信息清晰有序地传达出来。

（一）符号的定义与内容

英语中的符号（symbol）一词源于希腊语的 symballein，意指把两件事物并置一起以作瞬间比较。符号是一种意义的指代，是某种概念或意象的载体。在认知体系中,符号是代表一定意义的意象。符号是某种约定俗成的事物的指代记号,如字母、数字等,或作为某种抽象概念的象征载体。例如远古时期不同民族部落的图腾,不同宗教信仰中的符号标志,以及如今企业产品的商标图案等。比如我们可以用红色来代表热情与希望,在这里,红色就变成了一种色彩符号;我们用和平鸽和橄榄枝作为代表和平与友好的符号,在这里就赋予了原本平凡事物以深刻的象征意义。总的来说,符号的意思就是一种"特征纪念",是基于人的认识习惯形成的。

(二)城市符号

广义上的城市符号应该囊括了城市所有的二维和三维物象符号。狭义上的城市符号是视觉传达意义上的城市符号系统,包括了城市标志、城市视觉导识、城市色彩、城市空间环境等[①]。城市标志作为城市视觉形象的核心和代表,在许多情况下,城市符号也就是特指城市标志,例如美国的自由女神像、法国的凯旋门、丹麦的美人鱼雕塑等。

通俗地说,城市符号是指能够代表该城市文化特征,具有传承价值,给人以深刻印象并且让人引以为豪的标志性的事物。包括城市的历史遗迹、植物花草、时事人物、旅游景点及重要建筑等,它是城市发展的"名片",是一个城市具有象征性和不可替代性的识别标志,反映着一个城市的魅力底蕴与内涵。

城市符号按其标准的不同,可以分成不同的类型。按时间跨度来分,城市符号可分为城市的历史符号、现在符号、未来符号;按属性来分,城市符号可分为城市的文字符号、图像符号、思想文化符号、时事符号、造型符号等;按照涉及的载体不同,城市符号可分为城市的硬符号、城市的软符号等。

现代符号学的理论认为,任何事物的内在变化与规律都能以可视的外观表象来表现、记忆、延伸、联想、理解与交流。作为信息外观表象的视觉元素也就是反映各种事物不同属性的视觉信息符号。城市景观视觉传达的基本单位为符号,它是城市文化特征深层结构的外在体现。

(三)视觉化城市

21世纪被称为信息时代、读图时代。无论是在产品设计、媒体包装

[①] 孙湘明,成宝平. 城市符号的视觉语义探析[J]. 中南大学学报(社会科学版),2009,15(06):795-800.

上,还是在城市建设上,信息的可视化、图标化已成为不可逆转的发展趋势。在视觉时代,符号比以往任何时候都有更大的发挥空间。

信息的视觉化,指的是以图像符号为构成元素,以视知觉等可以感知的形式为外在表现形态,把非视觉性的东西图像化,人们可以通过符号的形态、色彩等视觉元素轻松快捷地获取信息。城市品牌的打造也是通过视觉化的城市符号系统来实现的。

例如广州越秀公园内的"五羊"石像,是1959年由著名雕塑家尹积昌等人根据有关广州这座城市著名的五羊传说而设计制作的。五羊石像一共由五只山羊组成,正前方是一只站在最高处,凝视远方,而口中含着稻穗的老山羊;老山羊前方是一只跪地吃奶的小山羊;另外三只石羊分别是一只正在回头顾盼喂奶的母羊,一只正在用羊角帮同伴搔痒的壮年羊和一只默然低头吃草的山羊。这五只造型各异的山羊分别代表了"勇敢""报恩""慈爱""互助"与"勤劳",而这正是广州这座城市的精神所在。广州借助"五羊"这可视的"符号"来传达广州这座城市的精神品质,将原本抽象的内容具体化、视觉化,在这里,"五羊石像"便成了广州这座城市的符号标志。

二、城市符号的语义分析

城市符号的"形"是指符号形式,城市符号的"义"是指符号的语义。事实上只有承载了符号语义的"形"才能称之为符号。换句话来说,即不能承载城市内涵语义的视觉形式还不能称之为城市符号。

(一)符号的形式表达与语义表达的"双层"结构

符号学的概念是瑞士语言学家索绪尔在1894年提出的,虽然他是从语言学角度来研究"符号"的,但是今天对视觉符号的研究同样具有实际的指导意义。依据索绪尔的学说,符号是由能指和所指构成的统一体,也就是说符号的二元关系能指和所指相结合而构成了符掣,这说明符号具有"双层"结构的特征,城市符号也是如此。

符号具有符号形式和符号内容两种基本属性,符号的能指是通过符号形式表达出来的,而符号的所指则是通过符号语义表达出来的。由于符号是人类通过对符号形式进行了赋义赋值的符号化过程而形成的,因此符号具有人工创造物的特征。符号的能指与所指构成了符号的底层与上层的

"双层"结构:符号的底层结构是城市符号的物质基础(即符号的"形"),底层结构的符号形式是上层结构赖以依存的媒介。视觉符号的形式就像文字语言符号中的字母和笔画一样,都是为符号语义准备的物质基础;而符号的上层结构,则是由物质基础所构成符号形式所承载的精神内涵即符号的意义。一方面"用图形去吸引意义",另一方面"由意义去创造图形"。这就是说在完成城市符号形式的同时,也建构了符号的语义和符号本身。通过符号化过程,也使得符号的形式与语义符号的能指和所指、符号的底层和上层结构有机结合为一个不可分割的整体。

杭州是一座"五水共导"的山水城市,集江、河、湖、海、溪于一城,面东海而栖,濒钱塘江而建,另有风光秀丽的西子湖,穿城而过的京杭大运河,梵隐由野的西溪湿地,因河而兴、由湖而名。另外,杭州城内还有着历史悠久的上塘河、余杭塘河、中东河等大小近300条河流。可以说,"水"是杭州的根和魂,是杭州的一种"符号"。杭州案例馆通过国际化的视野和理念进行设计和布展,以"钱潮狂草""杭人说水""杭州人家""全民品水"四个展厅展示杭州治水治城的实践,围绕着水与人的生活主线,通过"读水""说水""听水"和"品水"。以杭城特有的人文气息来阐述杭城民生伴五水而生息的故事,形象地揭示杭州自古以来官民治理五水智慧而换取的品质生活的主题,发挥了符号的形式表达与语义表达的双层结构特性,将符号"形"与"义"巧妙地结合展现,获得了意想不到的效果。

通过对城市符号"双层"结构的分析,我们清楚地知道城市符号设计中的"形"与"义"不是孤立存在的,而是相互依存、密不可分的。"形"必须能够承载"义",它才能称之为符号:"义"必须依附于"形",否则无法传达,即"形"可生"义","义"可塑"形"。阿恩海姆有关"所有的形状都应该是有内容的形式"论述,就精辟地反映了城市符号形式与符号语义两者之间的关系。

(二)城市符号的表层语义与深层语义

1. 城市符号的表层语义

城市符号是以城市标志为主体的。城市标志作为城市符号系统的核心主导着城市视觉语义的表达。构成城市标志的符号形式元素的点、线、面、体,就像语言文字中形式语素的笔画结构一样,经过有机组合可以编码形成高一级词组式的组合符号和具有完整语法结构关系的符号。城市符号的表层语义就是指在能指层面上的符号形式所直接表达的语义。

2.城市符号的深层语义。

符号的语义是借助符号的"形"表现出来的,是通过"形"感知的,超越了符号"形"的表层语义之外的语义称之为深层语义。深层语义是符号的所指所在,是符号区别于其他自然形象的主要特征。借助于符号的形式,城市符号的所指语义也有多种表达的可能。

第一,是审美经验产生的象征语义。象征是指借助于某一具体事物的外在特征,来寄寓某种深邃的思想,或表达某种富有特殊意义的事理的方法,是一种"托物言志"的手法。例如我们会用烟雨、蓝色、丁香等语言符号来表达忧郁;用月亮、红豆、烛光等语言符号来表达思念之情等。审美经验是指审美主体在长期与自然和社会的交往过程中,不断积累的一些对外界事物的感性直观的把握方式,即"感知"—"想象"—"情感"—"理解"的过程。审美主体与审美对象之间习惯或联想的"规则",要依赖以往积累的审美经验才能起作用。城市符号语义的表现也是如此,城市中那些非物质化的精神与理念,通常只能依附在符号的形式上或者借助于符号形式给人以心理的暗示并得以传达,这就是城市符号的象征语义。

第二,是城市文脉制约下的内在语义。城市文脉是城市发展过程中积淀下来的无形资产,它源于城市的地缘环境、历史传统、象征传说等,彰显着城市的特色,是城市之间相互区别的最重要的元素。城市文脉分物质性文脉和非物质性文脉,是人们对这座城市的感知和认同的根本所在。所以,城市文脉是符号语义表达的重要内容,是城市符号深层的内在语义所在,缺失了城市文脉的城市符号,将失去城市内涵,其表征功能也会不复存在。

另外"符号"并不仅仅体现为视觉符号,运用语言符号,来提炼一个城市的品质或特征,也是用来进行城市识别的重要手段。例如成都的广告语:"成都,一座来了就不想走的城市",便能体现出成都这座城市给予人的幸福与满足感。

三、利用符号进行城市品牌的建设与推广

(一)打造城市品牌标志性符号

符号具有强大的力量,成功的符号能够打造出一个知名品牌,能够引

领一个时期的流行文化,改变一个产品、企业的命运,改变一个城市的面貌。对于一个城市来说,适当的符号表现更能彰显其魅力,创造城市品牌效应。

城市符号是一种符号经济,符号经济又称非物质经济、精神化经济、文化经济。它是品牌经济、知识经济、创意经济、虚拟经济的综合提升。其率先在西方发达国家迅猛兴起,给整个世界经济与文化格局带来了全新的大变革。城市符号的社会意义在于:展示和传送本民族、本地域的优秀传统和文化,扩大城市知名度,提升城市品位,塑造城市形象等。此外,通过特定文化主题的展示和富有个性化的艺术装饰而塑造出来的"城市符号",能感化人们的心灵世界,影响人们的文化观点,文化态度甚至民族感情,同时,也能塑造人们的良好行为。城市建设中如果能充分认识到"品牌符号"的重要性,发挥符号经济的巨大效应,打造属于一个城市的品牌标志性符号,就能同时创造出社会效应和经济效应。

2008年在青岛举行的奥帆赛就是打造城市品牌标志性符号,同时创造社会效应与经济效应的典型案例。"帆船"作为青岛的一个城市符号,已经成为国内知名的独家旅行圣地。近年来,"奥运城市,帆船之都"已成为青岛城市旅游的新的金字招牌。投资热也因为奥帆赛特别高涨,经济快速发展,青岛经济总量进入了全国城市十强。人们也充分体验到了帆船带来的魔力和变化,路更宽了,城市越来越漂亮了。帆船之于青岛已经超越了体育运动的范畴,帆船所蕴涵的速度、激情与力量与这个城市天然的红瓦、绿树、碧海、蓝天正在有机融合,帆船成为青岛城市发展的催化剂。

(二)利用媒介进行品牌符号的有效传播

城市品牌符号的建设除了需要建设者找准切合城市精神文化语义的"符号"外,还需要利用媒介对"符号"进行传播与推广。媒介推广在城市品牌建设过程中起到了很大的推动作用,可以说一些视觉化、概念化、口号式的东西都是靠媒介的传播才深入人心的,因此品牌符号的推广中应有意识地向媒介借力。

尤其是在当今媒体环境下,媒介融合趋势越来越明显,大众传播的形式也随之发生了很大改变。传统的一对多的单向传播方式,变成了现在多对多的双向甚至是多项传播,传播手段也由原来控制在少数人手里的主流媒体变成了现在"大众麦克风"式的自媒体传播,传播渠道和传播途径都变得更多元、更新颖、辐射面更广。新媒体环境下发散式、扩散式、裂变式的传播方式,"眼球效应""视觉冲击"的"悦读"方式为"符号"的传播创造了更便捷高效的条件,品牌符号的推广形式也完全可以而且应该做些相应的改变。

例如传统的广告通过报纸杂志、电视、电台这第一、第二、第三类媒介进行传播,随着第四媒介互联网、第五媒介手机的出现,广告亦可以通过后两者进行传播。还有像地铁站、公交车上的移动媒体、公交车站台广告、公交车车身广告、城市LED街灯广告等,这些新传播方式更加广泛,其流动性带来了更大的受众人群,使得如今的广告和宣传方式更为灵活多变。总之,通过对城市文化资源的有效开发,利用好大众传播媒介资源,打造一批享誉全球的城市品牌符号,未来城市的品牌符号将成为城市品牌经济的重要支柱,中国也将会有越来越多的富有特色的品牌城市。

第二节 城市品牌的形象

在中国城市化迅速发展的今天,城市魅力和内涵所形成的城市品牌正日益成为城市发展的紧迫需求,人们逐渐意识到,高楼大厦不是城市的代名词,只有这种独特的品牌形象才是城市的灵魂,才是城市经济发展的基石,才是社会文明进步的推动力。

21世纪是城市发展和竞争的时代,城市营销理念也应运而生,城市品牌作为一种新的、符合城市发展需求的城市发展战略,亦伴随着城市营销的趋势不断成长。在我国,城市品牌化运作从20世纪80年代开始,现在已经经历了三四十个年头,城市品牌建设已初见成效,城市品牌形象的出现证明了城市品牌建设的成果。

本研究选取几个品牌城市作为案例,分析其城市品牌形象,从中得出城市品牌形象建设的经验以及应当注意的问题。

一、理论基础

(一)城市营销

竞争是对有限资源的一种竞争。城市与城市之间也不可避免地存在着竞争,物质资源、人力资源、信息资源等都是竞争的对象。可以说,哪里有竞争,哪里就有营销。从20世纪30年代起,在北美开始有了城市营销的理论。

城市营销的理论发端于美国,以菲利普·科特勒为主的一大批学者抓住城市竞争和发展过程中的新现象,得出了城市营销的理论观点,并相应地有了国家营销、区域营销、城市营销的相关研究成果产生。

城市营销是一种观念,营销概念的出现与市场导向观念密切相关,讲营销就是要坚持市场导向的观念。

(二)品牌形象

品牌是给拥有者带来溢价、产生增值的一种无形的资产,它的资产是用以和其他竞争者的产品和劳务相区分的名称、术语、象征、记号或者设计及其组合,增值的根源来自消费者心中形成的关于其载体的印象[1]。形象就是心理学汇总知觉,即各种感觉的再现。人们通过视觉、听觉、味觉等感知事物,在大脑中形成一个关于事物的整体印象即知觉,就是"形象"。形象是人们对某一事物的感知,但它不是事物本身,形象受人们的意识影响,但它又不完全是感觉的。

(三)城市品牌形象

城市形象是指一个城市在其经济、文化、生态综合发展过程中形成的物质与精神、自然与社会的整体风貌,及其在社会公众心目中形成的对于城市的印象、看法和总体评价。城市形象通常综合各种因素形成一种氛围的个性,对城市的发展具有极大的影响力。

但城市品牌形象与城市形象又存在着一定的差异。城市形象分析是城市进行品牌战略的第一步,城市品牌形象则是在城市品牌化建设下城市所呈现出的状态,城市品牌形象的建设是需要城市品牌建设者不断挖掘,一步一步打造而成的。可以说,城市品牌形象是在城市原有的形象基础上突出其重点并整合优化的结果。

二、城市品牌形象研究的意义

城市的品牌形象体现着城市的品牌价值,是城市进行有效的品牌管理

---

[1] 谢华锋. 如何构建信任增值,实现品牌溢价[J]. 声屏世界·广告人,2018(08):126-127.

后所形成的效果。研究城市品牌形象有着重要的现实意义。

(一)了解城市品牌建设的现状

城市品牌形象研究意味着一场城市自省的过程。城市品牌形象的建设特别注重城市的品牌理念,理念是城市品牌的灵魂,而文化是城市品牌的核心。因此,城市品牌形象的建设是一次城市对自己文化的探索与建立,以实现其文化特色的突显。可以说,城市品牌形象建设是一个治本的过程,加上宣传等营销手段,城市对外可以产生很多积极的影响,如创造购买信心、建立品牌偏好、增强关系城市的协同效应、帮助协调公共关系等。进行专门的城市和品牌形象研究,有利于了解其建设现状。如今,我们已经看到杭州、吴江、成都等都设立了专门的研究机构进行研究,并已出版了相关的研究论著。

(二)了解城市品牌形象建设过程中的问题

从品牌的定位到品牌的实际操作,一定会出现一些在设想中无法预料的问题,这些问题也将直接影响品牌形象的建设结果。杭州市是城市品牌建设比较成功的城市之一,可是其内部还存在很多问题,比如交通压力,不管是市民还是游客,都为之困扰。同样的,交通也困扰了很多其他的大城市,这实际上影响了城市的品牌建设。

再如,杭州也曾提出过建设"东方爱情之都"的口号,基于在杭州历史上发生的爱情故事,具有一定的条件;但是,"东方爱情之都"的口号并不响亮,并没有被广大群众所接受、知晓。那么这样的定位是否存在问题呢?在建设过程中,我们可能阶段性地提出一些城市定位目标,但在实施过程中却无法一一实现,这些都是城市品牌形象建设中的问题,也是建设者需要注意的地方。

(三)制定品牌形象建设的有效策略

任何一项研究的最终意义在于提出更好的建议及措施,本研究也希望能够提出对城市品牌形象建设的有效策略,使得城市的管理层能更好地制定城市品牌形象建设的正确策略。

三、城市品牌形象的内容

城市形象有整体性、独特性、相对稳定性、动态可塑性、综合性等特点,这些特点基本也体现了城市品牌形象,因此在分析城市品牌形象的时候,可以由很多不同的视角进行分析。基于已有的研究,城市品牌形象的内容一般可以从以下几个角度分析。当然,在分析具体某一个城市的时候,应当具体问题具体分析。

一个城市是由城市中的各个方面构成,好比写文章,有了思路,也要由每一块内容,每一个段落、每一句句子和每个词语构成,从结构的角度看形象,有利于更加细致地分析品牌形象。品牌结构是指一个企业不同产品品牌的组合,它具体规定了品牌的作用、各品牌之间的关系,以及各自在品牌体系中扮演的不同角色。合理的品牌结构有助于寻找共性,以产生协同作用,从而条理清晰地管理多个品牌,更合理地分配各品牌的资源。

在成都市研究案例中,研究人员对成都的国际形象及国内形象分别进行分析,其中包含了核心价值、品牌个性、扮演角色、市民特质、旅游、投资、人居、文化等方面。

在杭州的案例研究中,研究人员从历史文化、旅游休闲、工业发展、管理体制,人文精神和城市文明五个方面进行具体的分析。

按照城市品牌形象是城市品牌建设的成果这一逻辑,本课题组认为城市品牌形象首先包含了以下内容。

(一)城市品牌的理念

城市品牌的理念是指导城市品牌形象建设的主要原则、主要方向,是城市品牌的核心,也是城市品牌形象所集中反映的给人们的印象。

(二)城市状态,即城市形象

城市形象包括了城市的历史文化、人文精神、硬件建设(包括建筑物、交通设施、绿化建设等)、政府形象及管理体制、人居环境及市民形象、经济实力、产业发展(包括第一、二、三产业的发展)等。而在所有的环节中,城市品牌形象应当有所侧重,工业应当是生态工业,应更多地发展第三产业(包括旅游业、餐饮业、零售业等),从而突出城市提出的某一个口号,比如说生态宜居等。

四、城市品牌形象案例分析

作为一个大城市,大部分是在历史长期更迭后形成的,其城市形象已得到广泛的认知,尤其是名城,本身就是一个品牌。然而随着工业化社会的不断发展,城市形象已逐渐如同工业产品一样开始实现品牌化,从而在城市竞争中形成具有差异化识别的城市品牌形象。在本次研究中我们选取北京、成都、杭州为研究对象,就其城市品牌形象建设做相关分析。

(一)北 京

北京市"十三五"规划对北京城市的定位是:全国政治中心、文化中心、国际交往中心、科技创新中心的首都城市。全国政治中心,意味着北京品牌具有领导示范的特性;国际交往中心,意味着北京品牌外延具有融合的特性;文化中心,意味着北京品牌内涵所具有的文化特性;科技创新中心,意味着北京品牌的创新与持续发展的特性。

从这几个方面可以看出北京在城市整体形象上具有很强的综合性与独特性,具有不可替代性。在一般的城市品牌竞争中,很多城市的某些主要功能性都是可替代的,然而北京在构建城市品牌形象上表现出很强的不可复制不可替代性。

随着2008年北京奥运会的成功举办,北京的城市形象不仅仅是以中国首都的形象被人们所熟悉。这座古老而又厚重的名城散发着无限的活力,不断地与国际接轨,国际性大都市的形象已经展现在世人面前。

在文化形象上,北京悠久的历史,加之作为明清以来的政治中心,北京无疑有着厚重的文化氛围,这在其城市品牌形象的表现上形成具有区别于其他城市的差异化形象。

然而,随着改革开放的深入发展,北京作为中国的首都,在经济上得到了飞速的发展,同时文化与经济相得益彰,使得北京在城市品牌上具有很强的竞争优势。

(二)成 都

成都是我国西部城市中建设得非常好的一个城市,与北京、上海、深圳、杭州等城市相比,其形象虽存在一定的差距,但是其总体品牌在国内还是存在一定的竞争优势。

成都是一个自然风光极佳的国内知名的旅游城市,其出众的自然风光为其品牌建设提供了良好的条件;大熊猫的故乡,也成为其重要的一个品牌标志。

成都是一个"慵懒"的城市。这一点体现在成都的历史文化、人文、人居环境上。成都原生型神秘的古蜀文化、三国文化、客家文化、藏羌文化等,构成其神秘、厚重、极具吸引力的城市品牌形象。而安逸悠闲、亲近自然、要乐情趣,成都人"懒懒"的生活状态,也让这座城市蒙上了休闲的影子,是度假休闲的好去处,而这也形成了成都城市品牌的又一形象。

(三)杭州

立志建立为科教进步、经济发达、环境优美、文明卫生的历史文化名城、风景旅游城市和现代花园城市,建设以山水为主体的现代花园城市是总的城市景观构架基调与特色。

杭州是一个品质生活之城,杭州的人文气氛是"精致和谐,开放大气",在人们的印象中,杭州是一个因西湖而有名的城市,是南宋古都,杭州充满着浪漫、休闲的气氛。杭州的山、水、塔、茶、丝绸等都是她的标志。

(四)嘉兴

嘉兴位于浙江省东北部、长江三角洲杭嘉湖平原腹心地带,是长江三角洲重要城市之一。近年来,凭借良好的地理优势,尤其是在高铁开通后获得了长足的发展。

嘉兴闲适的生活状态、充足的生活资源、适中的生活水平,都为大城市的人们提供了一个更好的宜居环境。嘉兴也因此在全国城市中取得了良好的排名。

嘉兴的特产也是其城市品牌形象之一,五芳斋粽子、南湖菱、文虎酱鸭、三珍斋八宝饭、新塍月饼、蓝印花布、汾湖蟹、平湖蜂蜜、平湖槽蛋、平湖西瓜、杭白菊、嘉善黄酒、乌镇姑嫂饼、乌镇丝绸、槜李荷叶粉蒸肉、八珍糕、杨庙雪菜、斜桥榨菜、凤桥水蜜桃、洪合蜜梨、黄沙坞密桔、海盐大头菜、南北湖虎鲻鱼、王店三元鸡,洪合濮院羊毛衫等,尤其是五芳斋粽子,更是全国知名。嘉兴的小桥流水和古镇,也是旅游的好去处。

(五)丽江

云南丽江是我国最有名的十大旅游景点之一,如果说嘉兴凭借其地理位置、生活气息树立其城市品牌形象的话,那么丽江则是凭借其独特的旅游资源树立起了其不可撼动的城市品牌。

丽江市最具优势和开发潜力的资源主要有旅游资源、生物资源和水能资源,"二山、一城、一湖、一江、一文化、一风情"。便是丽江的轮廓。丽江的旅游资源让游客目不暇接、美不胜收;丽江的神秘、质朴、原生态,更让她成为一个旅游的好地方。

城市有很多种形象,如城市功能形象、城市景观形象、城市标志形象、城市政府形象、城市市民形象、城市环境形象,所有的这些形象相加才是城市的整体形象,而城市品牌形象则是城市有目的地对城市品牌形象进行建设,择其优进行重点建设及宣传。因此每个城市品牌所树立起的形象,本节通过对几个不同案例的城市品牌形象分析,一来说明城市品牌形象之间的区别性,二来寻找出城市品牌形象建设的一些共同点,希望对城市品牌形象建设提供一些有益的启迪。

第三节 城市品牌的传播

一、城市品牌传播概述

(一)城市品牌传播理论概略

在经济全球化和区域一体化的时代背景下,城市数量的激增和规模的不断扩大,使城市之间对于各种要素,资源的争夺日趋激烈。城市想要在这样的竞争中取得优势,提高城市核心竞争力,以获得更大的经济效益及增长潜力,那么就需要探寻城市品牌的发展道路。这也成了每一个城市政府所面临的难题。各城市开始纷纷进行城市品牌构建以传播良好的城市形象。在这一过程中,自然会有许多成功的例子,但同时也引起品牌建构趋同、理念的认知和实践操作单纯模仿等混乱景象。

城市品牌作为城市形象的集中体现,如何塑造、传播一个城市品牌从而使城市增值。是城市品牌化实践中亟待解决的难题[1]。因此,对城市品牌的传播力提升的研究和讨论,已经成为一个极富有理论和现实意义的课题。

在近几年对城市品牌的研究中,国内学者们已经开始意识到城市品牌化在城市营销中的重要地位和关键作用,尽管研究还不够深入,但也已经取得了初步的成果。刘彦平发表了一系列城市品牌战略的文章,总结了城

---

[1] 杨礼茂,程晓珂,李文静. 城市品牌建设研究综述[J]. 价值工程,2016,35(28):229-234.

市品牌战略实施的成功因素和注意事项。他认为,城市品牌战略不是一蹴而就的,它需要一个持续性的过程,在这一过程中有很多步骤,他将其分为城市品牌定位、城市品牌决策和城市品牌传播三个过程,他将这三个方面称之为城市品牌化的核心任务。其中,品牌定位是品牌战略最具基础性的工作,而品牌决策是对城市无形资产的战略管理模式,在前两者的基础上,还要进行针对性的品牌传播与沟通,于宁则将城市品牌提升到品牌资产的高度,将城市品牌战略的四个步骤定义为品牌的定位、塑造、传播与维护,并指出城市品牌整合营销传播的重要性,从信息学和传播学的角度对城市品牌的信息传播过程进行了梳理。总的来说,国内外有关城市品牌的研究尚处在探索的阶段,有些研究仍然停留在概念的探讨与品牌定位、塑造等方面,论述城市品牌传播的文献相当少。但这些理论成果给进一步深入系统和多学科视角的理论研究奠定了基石。

(二)城市品牌传播的必要性与内核要素

1.城市品牌传播的必要性

第一,有效的城市品牌传播是激烈的城市竞争的需要。企业的强势品牌能够决定自身在市场中的地位,城市也是如此。一个城市拥有强势的品牌,就等于拥有一种直接影响外来投资者、消费者、游客的决策力量。针对一些名气不大的城市,可以通过大力宣传城市良好的形象,展示出城市的魅力和吸引力,以形成强大的凝聚力、辐射力,使其成为吸引投资、扩大对外交往的"金字招牌",从而把无形的精神财富转化为有形的物质财富。目前,全国已有众多城市通过各种传播手段开展城市品牌形象宣传,其中大连、昆明、杭州等一些城市的品牌传播已经取得了显著的成效。

第二,城市品牌传播是社会经济发展的需要。城市品牌传播能间接地推动交通运输、商贸物流等第三产业的发展,提高具有地方和区域特色的市场竞争力和经济效益。通过地方经济政策的对外宣传,有利于加大招商力度,使更多的大型、重点企业落户当地,带动本土经济的发展,也是实现城市工业经济快速增长的有力保障。

第三,城市品牌传播是群众文化发展的需要。有效的城市品牌传播能增强全体市民对城市的归属感,激发市民的荣誉感和使命感,形成团结一致、齐心协力建设城市的良好氛围,增强全体市民对城市发展的信心。文化搭台,经济唱戏,通过商贸交流、主题晚会、新闻发布等形式,架起一座经济文化交流与合作的桥梁,不仅能打响城市文化品牌,而且能促进当地文化事业的发展。

从城市品牌的研究现状分析可知,国内外对于城市营销和城市品牌的研究较多,但缺乏专门而系统的城市品牌传播研究。笔者认为,从传播学的角度分析,城市形象的有效传播是城市品牌战略的出发点和落脚点,因此品牌的传播应该作为一个重要的因素考虑到城市品牌战略的规划当中。城市品牌战略应当在"以人为本""有效传播"的理念引导下展开,城市品牌的定位、塑造等各个步骤都要基于对"传播"的考量后进行决策。

对城市品牌传播提升策略的研究具有营销学、传播学的意义,怎样树立并传播城市形象是城市品牌战略的重要内容,也是城市品牌化的重要目标。

2.城市品牌传播的内核要素

城市从某种意义上来说可以等同于产品,它所代表的这一空间区域也可以成为品牌。城市品牌化的力量,就是让某一区域为受众所了解、认知,让该地区的精神与文化融入这一城市当中,使城市与某种好的、固有的形象和联想自然联系在一起。城市品牌传播连接了城市、城市管理者和其他利益相关者,是他们之间的沟通桥梁。城市品牌的核心价值与单一产品和服务不同,它既包含了看得见摸得着的东西,同时还有众多复杂多元的无形价值渗透其中。

一个城市想要塑造出成功的城市品牌形象,除了要抓好城市形象的内部规划与建设,更要规划好城市品牌的传播工作。如果单纯注重内部的建设,而忽视了凸显城市精神文化的城市品牌传播,那么也不可能塑造出理想的城市品牌形象。没有有效的传播活动,没有受众的信息反馈,这样的城市形象仅是传播主体单方面的、主观的形象,并不是城市在公众心目中的总体印象及实际的评价。要通过城市品牌的传播,让城市富于凝聚力和吸引力,在广大受众面前大放异彩,进一步彰显城市的个性,扩大城市知名度和美誉度,从而达到提升城市竞争力的目的。因此,通过富有特色的城市品牌传播对城市品牌的塑造具有十分重要的意义和作用,塑造、提升城市品牌形象,就必须做好城市品牌传播工作。

城市品牌的塑造与提升,是在城市品牌战略指导下的一项长期的、系统的工程,不可能一蹴而就。目前,有些城市的品牌的传播内容和传播口径与城市的整体品牌规划并不十分一致,这样的传播反而会成为城市品牌建设的阻力。因此,在城市品牌传播的过程中,既要注重外部宣传,也要注重城市内部的认同,在品牌传播的过程中必须体现城市品牌体验的独特性,通过何种媒体及其组合向受众传递品牌个性的信息,用何种方式演绎和表达品牌个性,都必须注意品牌个性与传播媒介的统一,并要与品牌的塑造保持整体的一致性。

二、城市品牌传播中的基本问题

(一)传播主体:政府绝对主导,民间参与不足

品牌传播的主体指的是品牌传播活动的发起人和传播内容的发出者,是传播活动的第一要素。现在大多城市的品牌传播主体以政府的相关职能部门为主,相对而言,政府对于传播的主动意识比较薄弱,而且有较为明显的政治化倾向性。在某些城市品牌形象宣传片中,受众接收到的是灌输式和说教式的视觉感受和文字体验。其中,很多作品的问世是为了配合当时国家的一些主题活动,而后再兼做城市宣传之用。

社会公众是城市品牌传播的基础力量。市民在日常生活中表现出的基本素质和道德修养,会给城市的外来消费者留下深刻的印象,这个印象在一定程度上代表了城市的整体印象,并将城市的这种形象通过各种途径传播到城市之外,形成影响力。政府与市民间的良性沟通,对城市品牌传播有着至关重要的意义。城市的居民通常被设定为城市品牌的"受众",导致他们参与城市品牌塑造的思考能力和意愿没有受到应有的重视,造成的后果就是城市品牌设定后引来群众的争议和质疑。

(二)传播内容:形象传播雷同,缺少个性和特色

缺乏市场细分是目前国内城市品牌的传播过程中普遍存在的一个问题,城市品牌个性塑造不足,各个城市的品牌形象塑造大多以表现城市规划、发展旅游资源为出发点和落脚点,动辄打出"数字""绿色""精品"等品牌概念,品牌形象的内涵则大多集中在"生活娱乐""历史文化""旅游标志""发展新景"这四大主题。现在几乎每个城市都争先恐后要打造城市品牌,但城市与城市之间经验的取舍和模式的效仿,造成了品牌形象趋于雷同的后果。

城市品牌的塑造具有多层次和多样性,不仅包括口号、视觉标识符号

等,同时包含了城市品牌建设。但从中可以发现,各个城市的旅游纪念品千篇一律,沿海地区城市多是一些以贝壳、海洋产品为制作原料的简单手工艺品,内陆地区城市的旅游纪念品则以石雕、泥塑为主;城市富有特色的食品,在全国流通中失去了原有的当地特色;城市宣传片的细节处理中,放飞的风筝、绽放的烟花、嬉戏的儿童等几乎成为了每片必备的视觉元素;城市品牌传播的窗口相似性高,如政府官方网站、公交车站牌、城市商业街区等。

(三)传播受众:传播过程中目标受众定位不准确

建构主义理论认为,并不存在一种特定的被所有的人同时体验到的"现实",不同社会和不同的文化对世界有着各自独特的理解。这种理解对人们在他们的社会范围内的活动是很有用的,明确传播对象等同于细分了这个城市的市场,也只有明确了目标受众,才能让受众更好地感受品牌形象的真正内涵,才能更有针对性地塑造并传播城市的品牌形象。

根据不同的分类标准,城市品牌的传播受众可以有不同的划分方法。目前,从国内的城市品牌传播中,我们难以辨别其主要的传播受众,在内容和形式上存在老少通吃、中外兼并的通病。优秀的广告作品讲求的是"对什么人说什么话",要认识到品牌传播的最终目的是在受众心里形成所需的品牌影响力。如果没有明确的目标受众,那么一支冗长的城市形象宣传片究竟有何作为?

(四)传播渠道:传播手段多元化却忽视媒介整合

不单是城市品牌的传播内容趋于雷同,在品牌传播媒介方面同样也存在着雷同的现象。品牌个性的传播途径和手段通常要通过媒体或能代表该精神行为的活动来进行,而大众媒介是品牌信息传播的主渠道,但大众媒体很难凸显品牌个性。品牌传播有三条主要的传播途径:即大众媒介的品牌共性信息传播、小众媒介的品牌个性信息传播、专项的品牌传播活动。在这三种主要的传播路径中,由于媒介的中性特征,使得传播本身很难成为品牌个性的一部分。关于这一点,城市的经营者们已经认识到了,转而对专项的品牌传播活动逐渐重视起来。然而原本能够与品牌紧密地联系起来的专项活动由于没有很好地体现城市品牌的核心价值,又流于跟风而陷入雷同的误区。

现阶段中国城市品牌传播的渠道以"大众媒体、节事活动、新闻发言人"为主,其中又以"国内大众媒体"选择占绝对优势。城市品牌传播中固然要注意传播渠道与其本身形象的匹配性,但扎堆集中出现通常只会造成适得其反的效果。

相对于这点来说,我国城市品牌传播在节事活动这一渠道上的尝试比较成功。以"北京奥运""上海世博"和"广州亚运"为例,都从一定程度上推进了城市品牌形象发展,但也因此引发了国内一批中小型城市的"节事热",在没有明确"本地文化"对"节文化"之间内在支持点时就已经如火如荼,其后果发人深思。

一些城市的经营者和管理者认为,只要宣传到位,城市的品牌形象自然就能树立起来。许多城市忽视城市品牌的基础建设和长期规划,而仅仅依赖于大型的城市促销和推广活动,以为短暂的宣传和一时的效应就是在做城市品牌了。城市品牌传播本来就是一项长期的、系统的工程,仅仅依靠大众传媒或是单纯依靠专题推广都是不行的。应通过管理城市与传播受众接触的每一个环节,形成整体的品牌体验,在潜移默化中提高城市在受众心目中的知名度和美誉度。

(五)传播效果:品牌传播的后续维护工作不足

在现有的城市品牌研究中,通常会忽略城市品牌资产的维护,导致城市品牌"重开发而轻维护"的现象。不仅在理论层面忽视品牌维护,在实践层面同样对城市品牌的后续维护工作不重视。国内城市在城市品牌塑造过程中,大都注重前期的形象创建,花大手笔进行品牌形象的正面宣传,但却忽视了城市品牌的风险防范与长效管理机制的建立。在遇到形象危机时应对不当,从而严重损害了经过长期经营而树立起来的品牌形象和品牌资产,形象危机遗留的不利影响还会制约城市的可持续发展。

三、城市品牌传播的提升策略

(一)品牌传播由政府主导,注重民间推动

国内城市品牌传播中普遍存在缺乏长期规划统一布局的问题,并且品牌的后期维护工作不到位。这些问题的产生就是传播工作缺少强有力的组织保障,品牌传播的主体单一或者界定不清。城市品牌传播的主体首先应该是城市政府和城市管理者,他们作为城市品牌化的发起人和推动者,不应该对城市品牌建设一手包办。传播主体具有广泛性,应包括城市政府、城市管理者及城市居民等,城市各行业、各领域的力量都应最大限度地被吸纳到城市品牌传播的组织机构中。

杭州在近年来的城市发展中,逐渐形成了"政府主导、企业主体、市场运作"的特色模式,并将这种模式成功运用到了"生活品质之城"品牌建设当中。杭州创先性地将复合型社会创业主体作为重要的组织平台,所谓的"符合新社会创业主体"是指由政府相关部门、企业、学术界、媒体等不同身份的人员参与,主动关联而形成多元统一、优势互补、功能融合、机制灵活的复合型社会创业组织。这一网络状的组织平台,既包含了杭州优势产业联盟,又有民间组织参与,形成了的良好互动。这一平台既能够发挥党政引导作用,又可以充分整合各种资源,全方位调动各方积极性,追求社会效益与经济效益相统一,具有可持续发展的特征。另外,在具体组织机构方面,杭州城市品牌工作指导委员会及其下设机构,都以学术界、媒体、企业、政府相关部门联动的形式,打造"生活品质之城"的研究与推广平台。这种组织模式多元化且具有灵活性,能有效地吸纳各方智慧和力量,十分值得其他城市借鉴。

政府着力塑造城市品牌形象、加强与民众的沟通互动,那么城市品牌形象会更生动立体,产生品牌效应。全方位地提高社会公众市民的主人翁意识、调动积极性和主动性,他们对于城市的荣誉感、自豪感和归属感也会自然生成。

诚然,杭州的这一整套组织机构和组织模式在实际操作层面具体执行能力略显薄弱,还有一定的提升空间。首先,组织内部协调机制有待完善,就对杭州城市品牌工作指导委员会下设机构——杭州城市品牌促进会来说,这是一个吸纳了各方力量而组成的协会组织。各行各业专家集思广益有助于品牌传播工作的展开,这无可厚非,但是由于不同行业专家的专长不同和思考角度的不同,通常会产生意见难以统一的现象,这就需要加强组织内部成员的沟通交流,完善协调机制。其次,组织自身形象意识尚缺,同样以杭州城市品牌促进会为例,该组织成立时间不长、知名度不高,却没有重视自身形象建设,机构的网站仅依附于杭州生活品质网,缺少独立的宣传平台,无法提高知名度和认可度,从而限制了机构自身的功能发挥。在今后杭州城市品牌传播过程中,相关组织应加强自身的形象宣传,才能抓住更多对外合作机遇,谋求创新和发展。最后,组织机构的人员素质有待提高。目前一些活动缺乏群众的广泛参与,缺少娱乐性,活动产生的实际影响力和期望效果存在差距,反映出机构内部从业人员专业素质和实践经验的欠缺。作为城市品牌形象的传播机构,更要有标准的人才选拔机制,通过培训加强全员的专业素养,提高公关意识。以上也是国内其他正在进行品牌塑造的城市需要注意和借鉴的。

(二)注重执行细节,创造品牌体验

从城市品牌传播的内容来说,要想有强劲的传播渗透力,就要赋予品牌个性和特色。不管是它自身的品牌形象还是传播的形式和渠道,都必须要有独立性和创新性,要立足地方特色,不能盲目跟风。这样才能将自己与其他城市区别开来,在受众心里形成良好的印象和联想,使城市产生强大的吸引力和凝聚力,从而吸引到更多的外来投资者和游客。这就需要在传播内容上注重执行细节,创造品牌体验。品牌体验指的是消费者对品牌的实际经历和切身感受,体验的内在价值不仅涉及品牌服务及产品,更包含了消费者与品牌传播过程中的每一次互动。

城市在品牌形象塑造和传播过程中,要使城市成为一个消费及体验创意的乐园。让受众在接触城市品牌时深入体验城市品牌的核心价值,使城市形象可感可触,是城市品牌传播所必备的。城市品牌传播受众主要有以下两个方面的品牌体验:一方面,是接收与城市品牌形象有关的各种信息,如新闻信息、广告、宣传活动等,在这些体验中的受众处于被动的状态;另一方面,是传播受众亲身参与其中的品牌推广系列活动,在这样的互动活动中,受众获得的是主动体验。城市品牌传播受众的主动体验有利于他们发挥人际传播作用,积极主动地承担起品牌传播的责任,进而促进全民传播的氛围形成,有助于提升城市品牌传播的影响力。

杭州在城市品牌传播过程中对传播理念的整合和工具的应用给予了高度重视,获得的成绩有目共睹。但受众的品牌体验并没有取得最佳的效果,在城市品牌传播的执行细节上仍有较大的提升空间。例如,城市现有的户外广告商业气息浓重,与城市品牌形象的定位背道而驰:以城市形象为主题的形象宣传广告内容单一,仅仅包含宣传语和品牌标识,无法起到有效的传播效果。因此要加强城市的整体规划,计划性地在城市主入口、标志性建筑、公交站牌等广告媒体上发布富有代表性和创新性的城市形象广告,不论是当地市民还是外来游客都能感受到城市应有的"品质生活"。除此之外,杭州现有的品牌传播活动,如生活品质点评会、市民体验日等,虽然符合品牌体验理念的初衷,但缺少娱乐性及全民的互动性,在内容创新方面还有待提高。可以在今后的实践中,不断探索杭州城市之外的品牌体验活动,逐步扩大品牌的影响范围。

四、贯彻亲民路线,从本地到国际

城市品牌形象塑造立足当地资源优势,品牌传播走资源主导路线,这样的传播模式无可厚非,但是品牌传播的受众导向路线也应受到更多重视。大众传播的核心内容之一,就是传播必须考虑受众的需求,目前城市传播没有采用受众导向模式,从而大大降低了传播的有效性,城市品牌传播要根据不同的受众,如本地市民、青少年学生、老年人或者外来游客,采取有不同的传播手段。

如像杭州这样的城市,在品牌传播过程中已经树立了一定的受众理念,这时还应该加强对外传播力度,扩大受众覆盖面。对外宣传包含国内和国际两个维度:在国内城市品牌传播中,要使地域独特性与文化心理结构统一性相统一,注重与其他城市的合作,谋求共赢;针对国际的城市品牌传播,要满足国外的传播受众对于"东方"这一理念的理解需求,采取针对性的传播模式,来迎合不同国家受众的文化心理结构特征。

第四节 城市品牌的指标体系

从多个方面考虑城市品牌建设,并将其作为当代全球化背景下城市营销的重要策略,这一观念已被广泛接受。然而,以往对品牌问题的研究和实践,主要以商品品牌或企业品牌为主体。相对于产品和企业而言,城市具有更大的复杂性和更多的不确定性。作为具有特殊性的区域品牌,城市品牌的整合性、复杂性、地缘性、品牌组合共存性等特性,都是一般意义上的商品品牌和企业品牌所不可比拟的。在城市品牌建设过程中,建立科学的城市品牌建设要素指标体系具有重要的意义。城市品牌建设的要素指标体系一旦建立,则可成为指导城市品牌建设工作的基本框架,同时也可作为评价城市品牌建设的基础依据。

一个极具实力的城市或被广泛认知的品牌是珍贵的财富,是一种能抵抗负面影响、树立良好声誉的保险策略。建立良好的城市品牌,是城市在市场竞争中的一种无形的资产,能促进城市的发展。

一、经济发展

城市品牌建设离不开经济的发展,找到生财之道是形象建设的一个前提,菲利普·科特勒认为,贫困是一个恶循环,在当今社会,工业、旅游业、文化产业都是经济建设的重要产业,是提高人民生活水平的重要途径,应挖掘城市的资源进行整合,以创造经济利益。

城市品牌建设可以说是经济发展中的一环,形象的建设需要建设者的资金投入和细心发展,同时城市品牌的建设也能够极大地促进城市经济的发展,起到招商引资等效果。

二、文化资源

城市品牌建设重在突出其理念,可以说,理念是制胜的法宝,文化则是城市品牌的核心,突出城市的文化理念,也就是城市品牌形象建设能够成功的地方。文化的力量是历史的力量,是城市历代传承的内涵,也是城市品牌所展现出来的独特的品牌力量。[1]

(一)文化属性

文化属性是指通过物质环境或精神活动,传播历史信息、人文要素、精神理念、文化核心价值,提高人们生活品质,满足精神需要,从而增加城市的吸引力和影响力。它是城市文化品牌的第一属性。城市文化品牌塑造必须坚持文化价值优先原则,从已具备的文化影响力着眼,精准把握构建文化品牌的核心价值,才有可能形成独具城市特色的文化品牌。

(二)社会价值

打造城市文化品牌的根本目的,就是通过城市文化品牌的传播和运营,促进城市的文化发展,进而带动城市的全面发展,产生更多的经济效益和社会效益。城市文化品牌同时具备"文化事业"与"文化产业"两个属

---

[1] 雷芳,丁汀,李垒垒,等. 中国城市品牌的网络传播现状及传播模式的研究[J]. 广告大观(综合版),2010(01):135-149.

性,分别承担经济效益和社会效益两种使命。城市文化品牌建设的目标必须要坚持社会效益优先原则,不能用经济效益替代社会效益。

(三)个性特征

个性是品牌的生命力。塑造城市文化品牌必须要突出品牌的个性特征,一方面体现在对传统文化的继承,另一方面体现在对传统文化的创新。品牌文化的塑造一定要以城市的历史文化为根,这是城市文化的源头和底蕴,同时也一定要在传统历史文化的基础上,挖掘时代内涵,为传统要素注入时代活力。只有形成品牌的特色和优势,城市文化品牌才能保持长久不衰。

凭借有效的资源,创造出独特的城市品牌形象,成为城市之间竞争的有效法宝,例如嘉兴和丽江两个中小城市,能凭借其独特的资源,创造出独特的城市品牌资源。

以嘉兴的"红船文化"为例:南湖作为中国共产党的诞生地,其"红船文化"得到了大力的宣传,嘉兴因此而成为红色教育基地,红色旅游胜地;在嘉兴的城市规划与建设中,现代化建设依然不乏"红船"的身影,如嘉兴市革命纪念馆新址、嘉兴市梅湾所挖掘的名人故居等。

三、品牌定位

定位是品牌建设的第一步,在营销学中,定位被认为是关键步骤,做好定位就意味着品牌或者城市找准了自己的位置,并在今后的发展中朝着该方向发展。

四、媒介力量

媒介在我们的生活中无处不在,网络、报刊、电视等媒体则负责报道各地新闻,对媒介和媒体做到良好的运用,凭借其力量可以让城市品牌形象更为广泛地为人所知。

品牌形象的宣传少不了特有的机会,抓住机遇,做出好的应对措施,进行积极的宣传,利用城市品牌效应,将城市品牌形象在短时间内进行深刻而广泛的宣传。例如奥运会、世博会等大型盛会就是城市品牌建设的重要机遇。

第三章 企业识别系统与城市品牌的塑造

第一节 企业识别系统(CI)概述

一、企业识别系统的理论基础

企业识别系统理论兴起于美国,以美国商品经济发展为发端,随着商业竞争愈演愈烈,企业产品品质或质量的竞争逐渐演化为企业品牌形象领域的竞争,促进了美国学者对于影响企业品牌传播的广告标识方面的研究。20世纪50年代,最先提出"建立企业视觉识别体系"的工业设计师雷蒙特·保罗·兰德(Paul Rand)开创了CIS理论先河,并通过IBM公司的标识设计,将IBM的开拓创新的精神固定下来,不仅激发了公司员工的士气,同时也赢得了公众的信任。

(一)企业识别系统的内涵

CIS(Corporate Identity System;CIS 或 CI),即企业识别系统,是现代企业组织为传播企业理念,获取商业竞争力对组织形象进行整体策划,并对所策划的体系进行系统实施的过程。Corporate的范围较宽,可指代团体、企业或者法人;Identity指的是辨识、识别,也可以定义为一致性;System指系统、制度。CI的概念强调的是理念层面的识别,即企业传递的价值主张;行为层面的识别,即企业以怎样的行为来践行理念;而后通过视觉层面的识别,即企业标识或其他辨识物,来系统性达成品牌传播效果的统一。这个体系可以最大程度地增强社会公众对该组织的认可度,促进该组织提升知名度和美誉度,形成品牌传播。

随着以美国为代表的西方国家进入商品化社会,商业市场经营思想由以生产、以销售为中心转移到以消费者为中心,市场竞争越来越激烈。CI理论从"体系化"导向发展为"差异化"导向的加入,指的是通过理念识别、行为识别、视觉识别三方面的整体设计与策划,展示出一套区别于其他竞争者,并能够体现企业自身特质的标识系统,进而达到占领目标市场的目的。

(二)企业识别系统的内容

CI 所包含的具体内容由三部分组成:理念识别 MI(Mind Identity)、行为识别 BI(Behavior Identity)和视觉识别 VI(Visual Identity)。这三者之间的相互作用及践行构成企业组织的 CIS 战略,MI 是企业的价值观,是企业的大脑;BI 是企业的行为,是理念的践行;VI 是企业的可视化,是企业的表面形象。[①]

1.理念识别(Mind Identity)系统

企业理念识别系统,也可以理解为企业思想识别系统,是指企业组织对自身经营理念的独特定位与认知,以此作为区别于其他竞争企业的特征。在企业扩张发展的过程中,无一不伴随着产品多元化、业务多元化、结构复杂化、人力资源复杂化的过程,导致不同板块之间的经营目标不一致。在此发展过程中,一套独立完整的企业理念体系,以简洁有力又高度凝练的口号、标语文本形式出现,使内部员工和外部受众都能够了解企业文化,形成统一的行为导向。这就是理念识别系统。

MI 在 CI 内容体系中是根基,支配着企业组织的行为,决定了企业的发展方向。MI 的内容主要包括企业组织的愿景、经营理念、经营目标、精神标语等。MI 是主观意识领域的概念,虽然是抽象概念,但不可或缺,它反映了企业组织在经营意识及思想价值方面的独一性。因为 CI 强调的差异化内涵,MI 是 CI 内容中的首先要解决的问题。

2.行为识别(Behavior Identity)系统

企业行为识别系统,也可理解为企业活动识别体系,是指企业组织根据既定价值理念制定并践行的一套行为准则,通过规范性的行为展示企业价值观和经营理念的过程,它可以使企业理念更直接地传达到社会公众的心中,从而塑造与其他竞争者的区别。主要包括两个方面的内容,第一是规则化,将企业的基本行为(内部生产与外部服务)塑造出统一的输出标准;第二是设计特定的行为模式以体现抽象的企业理念,并在品牌传播过程中让社会公众形成某种独特的印象和具象概念。

---

① 王璐,郑刚强,邓雨薇.企业识别系统(CIS)设计理念与方法研究[J].科技创业月刊,2017,30(17):91-94.

企业行为识别对内表现为生产经营管理方式、员工培训、价值理念、企业规章制度、员工福利、工作环境改善、生产设备提升等；对外表现为促销活动、广告宣传、社会活动、公益活动、公共关系、市场调研、产品开发与提升、客户关系维护等。

3.视觉识别(Visual Identity)系统

企业视觉识别系统，也可理解为企业形象要素识别体系，是指企业组织通过理念识别明确企业价值观，根据客户及市场信息反馈而设计出识别度、差异化程度较高的视觉符号，通过直接的视觉呈现展示企业特征，加强企业品牌传播的效率和直观度。VI的具体操作包括以企业标志、标准字体、标准色彩为核心开展的完整的视觉传达体系，是将企业理念、产品、服务等抽象语义转化为视觉符号的过程，以塑造出具有差异化的企业形象。VI的操作需要具备足够的统一性和稳定性，使得企业的形象风格高度统一和容易辨认。VI的设计还需充分考虑社会公众的认可度和接受度。此外，VI需要结合MI、BI进行整体设计，才能传达出有效的品牌信息。

(三)企业识别系统的功能

第一，由CI内涵决定，该理论核心功能是"体系化"。要求在操作过程中必须保证CI各内容要素的有机联系。CI强调的是思想、行为、视觉三要素的一体化，三个内容要素无法独立分割存在。在CI体系设计过程中，必须考虑到组织内部环境和外部环境的条件，综合最大化有效信息，重视制约因素，客观科学地设计三要素的统一落脚点，形成外在和内在的和谐共荣。换句话说，CI理论之所以可以从战略层面到战术层面一以贯之地指导企业品牌传播实践，其原因便是该理论既有的逻辑闭环，若果一个要素在该体系中不被其他两个要素所支持，那么CI理论便无法正确指导企业的经营活动，无法促进企业的品牌传播拥有牢固的根基。

第二，产生独特的"差异化"是CI的最基本功能，也是由CI理论本身的发展所决定的。品牌竞争源自商业竞争，而体现差异化是CI理论被提出后被商业环境演变的必然结果。独特性体现在两个方面：从经营者角度，需要明确企业的定位，即自己与竞争者的本质区别，这个区别是别人难以复制及模仿的，具有高度的独一性；从产品角度而言，产品在客户当中具有极高的可辨认度非常重要。也就是说，企业组织想要参与到竞争中，必须利用CI将自身的正面特质最大化地展示到客户心中，并且牢牢占据一席之地。

第三，CI具备高效传播品牌符号功能，这也是衡量CI设计优质与否的重要标准。在信息传播过程中，企业品牌应该同时具备艺术家的感染力以及科学家的严谨，将抽象信息具象化，将具象信息艺术化，以一种整体性、直观化、大范围、全方位的方式调动多种传播介质传播企业品牌符号。通过CI指导的传播行为将精神驱动、公共关系、媒体、视觉、活动、人员等各种因素整合为一个整体，使品牌传播更加直观和立体。

二、企业识别系统的实践发展

（一）企业识别系统的实践兴起

20世纪40年代后，西方世界进入商品化社会，产品大量增加，整个西方市场呈现出买方市场的态势，许多企业因为大批产品积压而纷纷倒闭，企业面临的严峻问题已不是仅有优质产品就可以解决了，而是如何将产品推销出去。整个市场经营思想由以生产、销售为中心转移到以消费者为中心以市场营销为中心。正是在这种历史背景下，CI率先在美国兴起，并在20世纪60年代流行于欧、日企业界。CI的进入使许多企业获得了成功，在同行业中脱颖而出，在消费者中树立起了企业形象，跨入了名牌企业的行列。最早引入CI经营理念而获得成功的企业有美国的IBM、麦当劳，日本的索尼、马自达，意大利的菲亚特等。许多大型企业引进CI经营理念而使其经营业绩大幅度提高，如日本的资生堂，美国的IBM，德国的布劳恩等。

（二）对企业识别系统实践的重新审视

但如同任何一股风潮一样，过度仰赖CI作为企业经营发展的理念也造成了一些西方企业的障碍。CI在20世纪60年代曾在日本风行，所有的企业均引进了CI作为主要竞争手段，造成了CI公害问题，消费者陷于广告信息流中，无法掌握所购产品的实际使用信息。20世纪60年代末，日本制造产业的松下电器公司重点突出其市场形象，而忽视其技术形象，一直未能在日本同行中脱颖而出。后通过重新调整企业形象，重点突出其技术形象，很快便得到消费者的认可，一举成功，超过了原来处于领先地位的东芝公司，跨入名牌企业之列。

学界对CI理论体系进行重新审视，西方企业界应将CI视为企业经营管理一个重要手段，而不是全部。企业发展的根本还在于企业的经营本身,尽管CI亦是涉及经营的问题,如经营理念、行为规范、企业体制和组织结构等,但不应从企业识别系统的角度出发考虑这些问题,而应从生产、管理、行销等具体运作上去考虑。所以企业的CI设计主体不能只是专业的设计公司,最主要的是企业的全体领导和员工。CI设计系统是企业内部和外部专业设计人员同心协力构成的。在充分考虑企业自身能力和所处环境的情况下,通过CI理论指导生产实践成为西方企业界的共识,并逐渐在具体实践中形成一套从外到内再到外的CI科学运营模型,沿用至今。

(三)企业识别系统在西方的实践发展及阻碍

西方企业CI实践经过了近90年的发展,已经成为所有企业必备的经营手段。在成熟的资本主义市场中,各行业结构已趋僵化,在这种商业背景下,CI实践并没有太大的创新发展。

第一,行业结构僵化及垄断导致CI在部分行业失效。在西方企业界,尤其是非科技企业界,已经形成了寡头长期垄断的行业态势。寡头企业每年支出中小企业望尘莫及的大量品牌营销预算,制造高大的品牌壁垒,同时屏蔽了消费者对其他同类中小品牌了解的可能。中小企业难以越过被寡头将广告价格抬得过高的媒介渠道大范围地展开营销传播。在百威英博这类行业寡头的影响下,即使再完美的CI运营手段也无法为中小企业创造更多的市场份额。自从经过2004年、2008年的两次大规模并购,比利时英特布鲁公司(Interbrew)、美国安海斯布希集团(Anheuser-Busch)、AmBev三家公司逐渐融合成了目前的百威英博集团后,该企业已经连续八年占据世界啤酒市场份额第一名,并逐渐攀升至20%。除百威英博外,排名前五的酿造商企业也基本没有变化。而排名前二的公司啤酒广告投入的占比超过了50%。导致初创公司只能在更细的细分市场中,寻找具有更小群体共识的品牌定位,切割寡头的品牌定位份额。

第二,CI全球化导致CI在实践中缺乏创新。在全球化浪潮中,西方企业,尤其是消费品制造企业,最先完成了全球化的发展。随之而来,其CI也逐渐迭代,行业寡头的品牌理念越加抽象与模糊,为了适应不同国家不同文化的需求,全球化商业品牌的锋芒和个性被极大磨平。如日本品牌无印良品,凭借其"没有设计的设计"品牌理念,用一种毫无伤害性的品牌形象打开了全球家居消费市场。而行业巨头们为了业务的扩张,也不得不将更为有趣甚至有侵略性的品牌营销手段替换掉,取而代之的是抽象口号,导致在西方商业界CI的创新显得停滞不前。

第三,企业社会责任(Corporate Social Responsibility,以下简称CSR)在企业识别系统,尤其是企业行为识别(BI)要素中显得越加重要。其实西方企业重视CSR的本质原因也是全球化过程的倒逼。在全球化企业眼中,企业负责人或团队对弱势群体、LGBT群体的重视是最快赢得信任的有效手段。2018年美国超级碗中场广告中,近五成的广告具有强烈的政治意图,分别对LGBT群体、移民群体、欧洲难民群体、少数族裔群体进行发声,其中以Airbnb最具代表性。Airbnb以"We Accept"为主题拍摄了倡导种族平等的广告,并在超级碗广告后发布信息,将在未来四年投入超过四百万美元,支持国际救援委员会,也会与世界各地的房东社区合作,为全球十万个需要帮助的人提供临时住宿,为那些无家可归的人找到一个家。但是,全球化企业的品牌传播过于依赖企业社会责任带来的道德荣誉,理念识别的趋同导致全球化企业CI通过创造企业个性、"差异化"从而获取竞争力的能力逐步倒退,某种程度上限制了商业为消费者创造更大价值的可能性。

(四)企业识别系统在中国的实践发展及演变

改革开放40多年来,中国企业的企业识别系统(Corporate Identity System,简称CIS)经过长时间的市场教育和市场竞争发育,逐步形成了独具特色的发展状态,成为中国企业品牌构建的关键要素。

第一,复制模仿阶段。经过50年的发展,CI借由东京电器化学公司的运营管理传入亚洲,随后我国台湾地区企业的一系列应用标志着其传入中国。其中,台湾味全公司对其企业识别系统的开发应用较为典型,其LOGO以五个圆点图形作为其"五味俱全"品牌定位的视觉表达是对CI较为成熟的品牌推广运用。同时,我国台湾企业和设计教育界在学习欧美和日本企业CI的基础上,开拓了符合其生产经营环境及营销受众心理的CI体系。改革开放以后,中国企业,尤其是沿海地区的民营企业首先面临来自产业结构升级内在及成熟国际的外部竞争,这类企业的CI管理开始被纳入企业经营业务范围。与此同时,在各大院校的倡导和推动下,中国设计界出现了首家私营CI设计机构——广东新境界设计公司,以广东太阳神集团的CI项目为其最具代表性案例。其简洁、鲜活的可视化识别系统,对缺乏市场化传播的第一批广告受众构成了强烈的传播刺激,企业升腾向上的品牌风格和太阳形状的红色LOGO高度匹配,完成了良好的受众影响。随后,越来越多的中国企业开始打造符合企业自身特色的CI,从而形成市场整体行为。

第二,面临竞争阶段。随着改革开放的进一步深化,社会主义市场经济体制进一步确立使得社会生产力得到了持续的发展,人们的消费能力快速提升,消费者从物质匮乏时期快速过渡到物质冗余时代,他们渐渐地不能仅满足于产品的基本功能,而开始追求产品的附加特性和消费行为带来的心理感受。因此,2000年后,具有成熟CI及较强品牌影响力的国外品牌商品成为新一代消费者热捧的对象,国货逐渐成为消费力弱的代表,加之国内企业营销手段单一,主要以电视、报纸、电台等传统媒体为营销媒介,营销手段保守,产品逐渐被新消费市场冷落。

第三,自我演变阶段。竞争导致中国企业的CI实践不得不寻找自身独特的发展路径。中国互联网发展十余年来,消费者的消费习惯、消费选择、消费心理都发生了巨大的转变。根据对消费主力人群的调查得出结论,消费者的品牌倾向更为务实,更愿意选择"提倡优质生活方式"的品牌。而市场经济发展初期对超大国际品牌的追捧的心理正在日趋式微。在新消费市场环境中,中国企业CI实践的思路区别于欧美以标准数字、企业标识作为沟通工具的思路,同时区别于日本以明确企业理念、文化作为CI核心任务的思路,而是将CI纳入企业整体的发展规划战略中,将从战略层面CI作为企业品牌塑造、获取竞争优势的系统工程,因而造就了目前具有中国特色的CI实践思路。以"小米"为例,创始人团队在草创阶段,便将"情感认同、用户体验、技术革新"作为团队的核心任务,后借助核心粉丝社群的力量不断快速完善产品的体验,在这过程中形成社会化营销的逻辑闭环,最终刺激更大市场的购买需求。

所以,中国的CI发展史经历了从改革开放以后对西方企业粗糙的模仿,面临竞争,到通过互联网工具快速进化,自我演变的过程。西方企业CI设计模型已经在互联网时代的中国得以再一次验证和展现,并产生了全民反向塑造品牌的过程,衍生出一种全新的CI设计闭环:寻找共识—内部因素考量—科学CI运作触及消费者—获得新的共识,从而改变企业的经营战略和发展方向。

第二节 CI与城市品牌的关系

当人们跨越世纪的门槛走进21世纪时,世界经济活动也在信息技术的推动下发生了深刻的变化。新经济时代的到来,使城市之间的竞争已从土地、技术政策、资源等局部的竞争转化为以品牌为代表的综合实力的竞争,也就是说进入了品牌经营时代。尽管城市打造自身品牌的做法不尽相同,但都从各自的定位、社会资源优势和发展方向出发,以创新的精神和面向未来的魄力,做好经营"城市品牌"的文章。其中,最重要的一条就是把CI的理念贯穿在城市品牌塑造、推介的全过程,从总体上全力打造城市新品牌。

一、CI理念与城市品牌的关系

CIS简称CI,就城市而言我们可以把CI看成是城市识别系统,是城市统一的战略目标和战术意识。理念是指,城市经营运用整体传播系统,传达给与城市有关联的广大社会公众,使其对城市形象有一个整体的看法和评价,并产生一致的认同感和价值观。CI可以把城市的发展战略定位、目标、规划,城市的建设、管理,市民的精神、文化素质通过最一致、最直观的方式体现在城市发展建设的每一个细节上,涵盖城市品牌建设的各个方面,一切公众可感知的信息都形成统一的、持续的、个性鲜明的识别计划,从整体上系统打造城市新品牌。

城市品牌是良好城市形象的缩影,是一个城市综合竞争实力的标志。一个城市的品牌是最大的无形资产,打造得好,可以提高城市品位,促进城市的发展,可以使城市增值,置换出更大的功能和环境效益。CI的设计、实施、推介过程也同时是品牌打造的过程,品牌的打造融入CI理念才会更科学、更有内涵、更具有生命力和竞争力。用MI打造城市品牌具有科学的发展战略,独特的发展定位,高质量的发展规划,能够凝聚市民,焕发激情的城市精神。用BI打造城市品牌会对城市整体形象做出文化、艺术的塑造,有利于建设美好的投资环境,高起点的基础设施和人居环境。用VI打造城市品牌会规范市民的行为,提升市民的素质。打造城市品牌,需要CI理念与手段,同时CI的设计、实施、推介过程也是城市品牌的"经营"过程。

二、CI理念对城市品牌的作用

打造城市品牌是一项社会化系统工程,要有世界的眼光,开放的思维,要从全社会发展的角度去做城市的发展定位,挖掘核心价值,系统规划城市建设,全方位实行品牌推介。[①]城市定位是建立品牌的灵魂,CI理念强调品牌存在的价值是它在市场上的定位和不可替代的个性,定位的实质就是将城市放在目标受众心中给它一个独一无二的位置,由此而形成这个城市鲜明的品牌个性。确定城市定位必须了解外界如何评价这个城市,调研要从地区的优势特点、市民的意向、城市的发展战略入手。CI对城市所做的定位不仅要考虑吸引受众的外在形象,更重要的是这个城市在经济发展、世界经济竞争中扮演的不可取代的角色。运用CI定位,在城市品牌众多、竞争激烈的情形下,可以突出自身品牌的特点和优势。以中国香港为例,其品牌定位是活力与创新的"亚洲国际都会"。这个定位是经国际讨论小组测试评核以后才最终确定的,它不仅发挥了中国香港已有的亚洲国际金融中心和拥有强大国际化服务上的优势,而且包含了未来"国际都会"将拥有的优良环境。

有了科学的定位,还需要用CI中的MI挖掘城市的核心价值。一个城市的品牌核心价值代表的是这个城市能够为全体社会成员带来最大的利益,环境、资源、文化、历史、经济和人本身都是构成和决定一个城市品牌核心价值的要素,这些要素结合起来最终决定了城市品牌的本质。所以CI理念认为推广一个城市品牌实质上是在营销一座城市的精神。城市精神应该是在市民长期社会实践的基础上形成和发展的,为大多数成员认同和接受的思想品格、价值取向和道德规范,是市民的心理特征、文化传统、思想情感等的综合反映。精神,不仅是一个城市告别落后走向文明的动力,而且是维护一个城市持续稳定、健康发展的支柱。从城市发展的历史来看,具有品牌效应的城市都有属于自己的文化形态和文化个性,而这种特有的文化形态和文化个性就成为这个城市精神的重要源泉。建设现代化城市,就必须注重培育市民的人文精神,启迪市民深沉的理性,弘扬市

---

① 乔远生.中国城市品牌[J].品牌,2001(10):9-16.

民的城市文化。深圳精神就是增强深圳城市实力的最好事例。深圳是个移民城市,各种文化元素交汇,如果缺乏凝聚力就会成为一盘散沙,经济社会很难得到发展更谈不上增强城市的竞争力,"开拓创新、诚信守法、务实高效、团结奉献"的深圳精神是深圳率先基本实现现代化的内在需要。

用CI理念科学规划城市是打造城市品牌的前提。要建设一流的城市,必须有一流的规划思想和一流的规划方案。先进的基础设施是城市的骨髓和动脉。在基础设施的建设上,要有超前的眼光和魄力,用CI理念打造出一流的工程和设施,为未来发展奠定坚实基础。强大的城市经济是支撑大规模城市建设的物质基础,因此要运用CI理念的系统性在招商引资、培植产业精品和产业实力上下功夫,实现经济发展与城市建设的良性循环。完善的城市功能,优美的城市环境是城市实力的综合体现。用CI理念规划就会注重城市建设的艺术性、可欣赏性。建筑是凝固的音乐,是文化艺术的独特体现,城市的规划和建设每一个部分,每个细节都要围绕主题,特色明显,各显光彩,只有这样才能具备城市建设的艺术品位,塑造出具有较高文化艺术含量的城市品牌。

用CI理念打造城市品牌系统工程还有城市品牌的经营管理,城市品牌实施过程中的监督制约等,但本节最后要强调的是用CI理念推介城市品牌。推介是用CI理念打造城市品牌活动的重要策略,它是指以各种有效的方式向目标市场传递有关信息,以启发、推动或创造对这座城市的需求,并引起投资建设欲望和兴业居住行为的综合性策略活动。它一般通过招商、宣传、标志性品牌文化节和公共关系等具体活动。推介的本质是通过传播实现城市品牌同其国际市场之间的信息沟通,所有的推介活动都要具备先知功能、说服功能、影响功能。因为推介的本质是与目标市场之间的信息沟通,其主要手段就是各种形式的信息传播活动。所以要在激烈的市场竞争中,确保城市品牌的竞争优势,就必须掌握信息传播的客观规律,努力提高促销活动中的信息传播效果,以强化推介的各种基本功能。

CI理念提出品牌推介按照目标受众可以分为对内推介和对外推介两种。针对城市市民进行推介活动我们称之为对内推介,针对城市的上级领导部门、领导者、投资者、观光者、旅游者,进行的推介活动我们称之为对外推介。城市品牌对内推介的目标主要是通过充分推介,明晰城市定位,完成阶段性的推介任务,增强市民的认同感,提升市民的自豪感,促使市民与政府共同为建设城市品牌做出贡献,对外推介的目标主要是促使投资者、各类人才、旅游者、中央政府或地方政府对城市形态从知名到认知,造就期望的联想,促进品牌积累、强化形成品牌拉力,提升原有的品牌体验,进而达到城市发展战略及城市品牌营销的目标。

第三节 CI在城市品牌塑造中的应用

在注重多元化、个性化发展的21世纪,城市之间的竞争已经由综合实力的竞争逐渐转变为核心竞争力和城市品牌的竞争。西安是我国的历史文化名城,具有悠久的历史和丰富的历史文化资源,但目前城市形象同质化现象严重,为避免西安发展陷入"千城一面"的困境,应打造独具特色的西安城市品牌形象,凸显西安的城市文化个性,展现城市魅力,推动城市的可持续发展。因此,本节便着重阐述CI在西安城市品牌塑造中的应用。

一、CI理论对西安城市品牌塑造的作用

1930年美国学者莱蒙特·诺维和保罗·朗多最先提出CIS理论(Corporate Identity Syslem),即组织识别系统[①]。在国外,CI理论多被运用于企业的个性形象设计当中,因此,CI理论又被称作企业识别系统。

将CI理论导入西安城市的发展建设中,能发挥CI理论的整合优势,构建系统化、标准化的西安城市品牌。可通过MI理念制定城市发展方向,向外界传递城市自身的精神价值;通过BI理念制定城市活动,将西安城市理念具体化,指导政府、企业、个人的城市活动,减少发展中的盲目性;通过VI确立西安城市视觉识别元素,打造城市形象。由此看出,在西安城市的CI系统中,MI是西安城市品牌精神理念的本质和内涵,BI是MI的行为反映,VI是MI和BI的视觉表达形式,它们相互作用,共同塑造着城市品牌。

二、CI理论下西安城市品牌的构建

(一)西安城市品牌理念识别系统的构建

西安的传统文化可概括为盛世文化和秦文化。盛世文化是指西安在

[①] 赵敏婷,黄小月.CIS理论下的西安城市品牌构建研究[J].美与时代(城市版),2021(09):90-91.

历史发展中形成的文化,例如西安是十三朝古都、丝绸之路的起点,秦俑之乡、周秦汉唐都城等美名深入人心;西安的秦文化理念也为大众熟知,主要表现为关中风俗民情,例如西安的美食、秦腔、剪纸、皮影等本土文化元素。但这些传统文化旧有的文化形态已经无法适应现代人的审美需求,西安城市的发展应该调节传统与现代的矛盾,需要传承传统文化精神并创新其表现形式,这样才能让传统文化适应时代的发展。因此,传统文化与现代文明的融合是西安城市品牌精神内涵的核心,也是推动西安城市品牌个性化发展的关键。

(二)西安城市品牌行为识别系统的构建

西安城市品牌行为识别形象包括市民形象、政府形象、企业形象等。行为识别的外在表现形式是城市成文准则,如市民公约、企业员工准则、法律法规等,还表现在各种具体行动之中,如组织、生产、管理、教育及各种公益活动,这些组织活动不仅能获得经济效益,也能获得社会认可。在众多城市行为形象中,政府的形象尤为重要,政府应当在城市的行为活动中起到良好的带头作用,促使西安的城市活动向多元化方向发展。

西安城市品牌的行为识别场域分为城市实体空间与虚拟空间两个维度。西安城市行为识别中的实体空间包括政府或企业举办的各种活动、政府各项政策的落实、居民的日常活动等,这些城市活动构成了西安的内形象;虚拟空间主要是指通过新媒体技术等虚拟手段塑造、传播西安城市品牌的外形象。

1.城市实体空间的形成

构建西安城市品牌时行为识别系统中的实体空间是西安城市品牌的"自塑",需要政府、企业、个人等多个主体共同努力。

政府应带头开展多姿多彩的文化活动,弘扬传统文化。例如在传统节日举办宣扬西安本土文化的活动,开展大型经济与文化交流的活动,塑造西安的文化品牌,组织全民参与、全民共享的文化活动,共同构筑"西安城市记忆"。

开展大型经济企业交流会议,结合西安自身的资源优势,加强对外交流,拓展合作空间。搭建民间国际交流平台,积极组织各类经济社团、民间友好团体的互访。承办各类具有国际影响力的大型国际交流活动,全力打造国际化的会议会展中心,举办各类产业性的国际会展,提升西安的知名度。

西安旅游业发达,游客众多,旅游业成为西安市发展的五大经济支柱之一。西安市民应遵纪守法,提高个人素质,营造良好的西安城市氛围。市民的语言行为也是城市行为识别的重要一环,而西安方言是西安典型的文化符号之一,因此市民在传承本地方言的同时也应掌握好普通话,避免沟通障碍,注意语言美,切勿因说脏话而损害城市形象。

2.城市虚拟空间的形成

在新媒体环境下,人们的媒介素质在逐步提高,新媒体网络和多种传播样态已逐渐被人们所接受。运用新媒体塑造西安的城市品牌将会呈现出直观化、沉浸化、多元化的优势。为了更高效地传播西安的品牌形象,使城市形象从内化走向外化,应当合理利用新媒体来塑造西安城市品牌外形象。

近年来,各大短视频平台相继出现了西安官方媒体的身影,这体现了西安地方政府对互联网的开放态度。因此,注重打造政务型媒体新风格,正确引导舆论,挖掘西安城市形象新时代精神内涵,实时更新西安城市发展的资讯,是西安城市政务媒体的重要任务。

新媒介技术的发展给了公众更大的话语权,公众在网络平台上分享与西安城市的互动体验,突破了地域空间的限制,使西安的城市形象更鲜活。公众应正确利用媒介平台,通过网络媒体传播西安的文化和西安的城市形象,促进西安城市品牌的传播。

实体空间与虚拟空间的构建并不是分开进行的,这二者应互相融合。政府或企业带头组织各种活动,通过政务媒体的权威发声和公众的体验分享,共同构造立体的西安城市品牌。

(三)西安城市视觉识别体系的构建

城市是人的城市,城市因人而存在。西安城市品牌构建的本质是构建人们对于西安文化的认同感。城市品牌视觉语言以标志、图像、文字、色彩等元素传播,受众根据这些信息进行解读,这一过程实现了受众与城市品牌视觉语言的沟通。因此,城市品牌的视觉识别系统是搭建城市文化内涵与受众沟通的桥梁。西安城市品牌视觉识别系统的构建是对城市品牌进行规范化、异质化的设计,所以在构建西安城市品牌视觉识别系统时不仅要遵循规范、科学的设计流程,还应该以受众的情感为起点,建立起城市文化与人们情感的连接点。

西安没有系统化的品牌视觉形象,导致城市形象不够鲜明。因此,需要深度挖掘西安的文化内涵,打造西安特色化的城市符号系统。西安城市品牌视觉符号系统的主体分为两大部分,第一部分为城市景观的创新,第二部分为城市标识设计。

城市景观是指城市风格、风貌,城市空间结构布局,其他景观符号给人直观的视觉感受。西安随处可见的大唐古建筑,体现了西安这一历史古都的风貌,给人以深刻的视觉印象,西安典型建筑代表有钟楼、大雁塔、大唐芙蓉园等。对城市景观创新应该符合传统与现代相融合的城市发展理念,例如可以在旅游风景区配置有关传统文化的互动装置,举办传统文化节日活动,给予游客独特的旅游体验,让游客在潜移默化中感受城市底蕴。需要注意的是创新传统文化要适度、要合理。

城市标识是指城市的直观视觉要素识别,要根植于西安自身的文化底蕴设计出系列标识,包括标识系统中的基础部分与应用部分,建立一套标准化、规范化的视觉识别规范。将西安城市文化元素注入城市公共设施中,提取西安的文化符号,如石榴、国槐、大雁塔、兵马俑等的衍生图案,将其设计为符合现代人审美的城市标识,并形成西安城市品牌的文化符号系统,应用到城市公共设施中。通过创意设计的途径表达出西安的文化意蕴,形成城市自身的特色,加深人们对西安城市品牌文化的认同感。西安城市品牌视觉识别系统的构建还包括传播西安城市形象,以此来提高西安城市外在影响力。例如拍一套西安城市的宣传片,以西安普通人的生活为素材,结合西安的特色来展现西安的魅力,通过宣传片来引发受众的共鸣,对没有来过西安的人群形成"西引力",促进西安城市品牌建设的发展。

第四章 城市品牌的实践规划

第一节 城市品牌实践问题的理论分析

一、国内城市品牌及其相关理论

严格意义上讲,国内对地区和城市品牌的专门研究还不多见。学者和实践者们的研究多从城市营销、城市形象、城市CIS、城市竞争力等概念入手,并且多是在西方城市营销理论基础上结合中国实践进行的方法论层面的研究。

(一)学界的研究

国内学者从不同的角度对城市营销进行了研究。如卢泰宏介绍了城市营销在我国的兴起,并研究考虑一些城市的具体营销案例[1]。倪鹏飞及其合作者在《中国城市竞争力报告》中深入研究了城市竞争力的概念,并将城市营销理论和方法应用于包括地方旅游发展、地方信息化、经济发展、文化发展等规划以及城市规划和区域规划在内的各类规划研究之中[2]。

这些研究中最有深度的当数学者们对城市形象的研究。早期,他们借鉴企业形象的概念、组成、设计、操作流程、评估、管理等问题做了详细研究。随后,越来越多的学者开始在品牌、文化资产、可持续发展等深刻的层面来深入探讨地区形象的内涵与意义。

(二)业界的研究

业界的实践者们身居城市品牌建设第一线,具有获得第一手信息的优势和近距离观察的视角。因此其观点和思想更接近操作执行的层面。王志纲及其工作室在运作天津、廊坊、珠海、成都、绍兴等城市品牌的同时,

---

[1] 卢泰宏. "名牌"一词使用中的缺陷与问题[J]. 品牌研究,2016(01):4-5.
[2] 刘笑男,倪鹏飞. 中国大中城市竞争力的耦合协调度分析[J]. 河北经贸大学学报,2019,40(02):57-64.

形成了"城市运营"理论,他们主张打造城市竞争的制度平台和基础平台,从而获得城市竞争力,并认为这个过程主要包含四个步骤:第一步是城市的战略定位研究,第二步是城市发展的策略设计,第三步是城市规划与建筑设计,第四步是城市形象包装与推广[①]。王廉也研究城市运营理论,但他更强调城市运营是一个系统过程。其城市运营理论认为城市运营应该包括五个方面:一是城市与产业引导性定位;二是城市品牌、文化、土地等的经营;三是智力、人才资源整合利用;四是竞争策略与时点、方式;五是战略政策的制定过程化与经营策划实施[②]。而陈放擅长策划,对城市品牌的定位、传播等有不少创意、策划的经验和思想总结[③]。

二、城市经营、城市营销、城市形象与城市品牌辨析

城市经营、城市营销、城市形象与城市品牌都是近年来备受学界和业界关注的概念,它们之间存在怎样的联系和区别,这是在寻找中国城市品牌困境理论根源之前,务必要辨析清楚的问题。

(一)城市经营与城市营销:各成体系,大异其趣

城市经营是20世纪中叶西方国家兴起的城市管理学理论,这一理论主要运用经济学的原理来研究城市土地利用、交通运输、城市环境、城市规划建设、城市能源、公共财政等方面的问题,以达到城市的自然资源和社会资源的合理利用、优化配置,并力求取得城市建设中经济效益、社会效益最大化,促进城市可持续发展。美国的"市长经理制""城市增长管理"(Growth Management)以及欧洲实行的"企业家城市管理"(Entrepreneurial Local Management)等都属于这个范畴。

笔者在此引用中国城市科学研究院副院长赵洪利的定义:城市经营就是政府根据城市功能对城市环境的要求,运用市场经济手段,对构成城市空间、城市功能和城市文化载体的各种要素进行资本化的市场集聚、重组和运营,以此实现这些资源资本在容量、结构、秩序和功能上的最大化与最优化,从而实现城市建设投入和产出的良性循环和城市的可持续发展。

---

①王志纲.城市运营如何"找魂"[J].大经贸,2011(02):56-57.
②王廉.打造城市21世纪经济竞争能力的基本模式[J].珠江经济,2005(06):2-11.
③王谦,陈放.智能场域条件下城市治理面临的挑战及对策[J].中国房地产,2021(30):73-79.

城市营销实践起源于19世纪50年代的美国西部大开发时期。20世纪初,欧洲的一些滨海城市也开始尝试以促进旅游为目的的城市营销。进入20世纪80年代以后,在新技术革命和全球化的大背景下,世界各地的城市都在竞争有限资源以谋求自身的发展,城市营销作为增强城市竞争力、繁荣区域经济的有效工具开始备受关注。

菲利浦·利特勒对地区营销提出了定义:"地区营销是指为满足地区目标市场的需求而进行的规划和设计,成功的地区营销应使市民、企业对其所在的社区感到满意,游客和投资者对地区的期望得到满足。"

在实践中,我们看到城市经营和城市营销这两个概念经常被混用,有些研究也将城市营销视为一种"经营"工具。但从上文对两者起源和定义的梳理可以看出,两者的研究目的、方法、内容等都存在较大的差异。城市经营以城市经济学、城市规划学、城市管理学等为理论背景,以政府为行为主体,将城市要素分解为资源资本,进行调节配置,以城市的可持续发展为终极目标。城市营销则以市场营销学为主要方法论依据,以政府、公众为共同主体,将城市视作一个企业或者商品,借鉴企业营销模式运作,旨在塑造城市的良好形象,销售城市,赢得城市竞争力,延续了企业营销中强调赢利和竞争的价值观念。前者注重城市内部资源,而后者关注城市外部形象。两者可以说是各成体系,大异其趣(如表4-1所示)。

表4-1 城市经营与城市营销概念比较

	城市经营	城市营销
理论背景	城市经济学、城市规划学、城市管理学等	市场营销学
意义目标	城市的可持续发展	销售城市,赢得竞争
运作方法	城市管理与规划,资源配置	将城市视为产品或企业一样营销
操作对象	城市内部资源	城市外部形象
执行主体	政府	政府、企业、公众等多元主体

(二)城市形象与城市品牌:被动认知与主动创制

城市形象是人们对城市的看法、观念和印象的总和。蒲实对城市形象的定义比较专业和全面:"城市形象是城市整体化的精神与风貌,是城市全方位、全局性的形象,包括城市的整体风格与面貌。城市居民的整体价值观、精神面貌、文化水平等。"国内学者都倾向于运用城市形象识别系统(CIS)来研究城市形象建设,包括城市信仰和理念识别(MI)、市民行为识别(BI)、城市视觉识别(VI)三个方面内容。

城市品牌可以理解为对某一地理位置的政治、经济、人文、自然等多方面的抽象综合,城市的性质、名称、历史、声誉以及承诺的无形总和,既是区别于竞争对手的标识,也是城市个性化表现。通常运用城市品牌识别系统来研究其组成,分为品牌精髓、核心识别、扩展识别等,包括属性、利益、价值、文化、个性和用户这六个层次的含义。城市形象和城市品牌的许多研究多有交叉和重叠,城市形象识别与城市品牌识别在组成上颇有相似之处,可见两者的关联紧密。许多关于城市形象构建的研究实则采用的是品牌化的原理和模型,在有关城市品牌战略的研究中,也将城市形象设计作为一个战略步骤,作为城市品牌识别系统的一个组成部分。

但是,两者存在一些微妙的差别。城市形象是人们对城市的综合印象和观感,可以说是就城市品牌识别进行营销沟通的产物,或城市品牌识别投射到受众头脑与心智中所形成的"图像",表现为被动地接受和认知。而城市品牌是主动创制的,意在主动引起人们的意识、观念和思维方式发生根本性变化,从而在城市消费者心中形成城市的个性和识别。

(三)优势互补,各尽其用

从城市经营理论的视角出发,城市营销被视为经商的工具之一,城市形象或者城市品牌是经营的一个组成内容。而在城市营销理论中,城市形象与城市品牌建设是一个重要的方法论思想,是城市营销专业化转型和研究深化的重要标志。而城市形象与城市品牌则一个着重被动感知的印象、一个强调主动创制的识别,实则都可以囊括到城市品牌战略的建构范畴中。

虽然这几个概念都被中国城市运用于城市建设和发展的实践中,各显神通,并拥有各自的支持者。但它们看似相似的外表下有着不少的区别,因此,实践中的误解和混用就难免令人浮云遮眼、雾里看化。

当然,对这几个概念作定义、内涵、范围方面的辨析,并不是要分清孰是孰非,厚此薄彼。相反,它们之所以能发展成为各自的理论思潮和实践潮流,已说明它们存在的合理性。辨析的目的是为了在清楚认识的基础上,相互借鉴特长和优势,完善自身理论体系,更好地指导实践。例如,城市营销和城市品牌的理论观点更具方法论意义,着重操作执行的实证研究,城市经营和城市形象的研究中则多一些对城市可持续发展、社会文化视野的关注,两者结合,才能适应城市和社会发展趋势的需要。

三、造成中国城市品牌困境的理论根源

纵观对国内外城市品牌及相关理论研究状况的梳理,以及城市经营、城市营销、城市形象、城市品牌概念的辨析,我们可以寻找到造成中国城市品牌困境的理论根源。

(一)哲学反思与人文关怀的欠缺

当我们考察各家关于城市品牌的研究理论时发现,方法论的研究,占了大多数,而对社会文化、哲学反思等层面的研究相对较少。倡导"和谐的城市",强调整体协同的欧洲学者们以及韩国学者 Mu-Yong Lee。所提出的地区文化导向的城市营销研究即是这屈指可数的少数。

然而,城市品牌战略如何与城市发展战略相结合?城市品牌战略的目的和意义怎样与社会文化的发展和城市的可持续发展相结合?在全球经济一体化、民主化、后现代化、新城市主义、人本主义等思潮背景下,回答这些问题与研究如何解决操作层面的方法问题同等重要。因为,哲学关怀和社会人文视野的缺乏会导致目标视野的狭窄,例如将城市品牌战略的意义局限在政府政绩、城市经济发展、赢得城市间竞争等现实目标上,从而使一些人着眼于眼前效益,对未来的可持续发展造成负面影响。

从国内外城市品牌及相关理论的研究状况中我们可以看到,比之企业市场营销理论和品牌论的成熟和完善,有关城市品牌的研究数量较少,并且不够深入,多属于战术性的、促销沟通层面的品牌研究。尤其是国内,多停留在将西方企业营销和品牌理论照搬套用的层面,对城市这个复杂、系统、动态的对象和中国城市的特色情况缺乏具体研究,导致本土化执行力的欠缺。城市经营、城市营销、城市形象、城市品牌等概念各执一词,交叉混用,或选取局部而观之,或企图将对方纳为旗下,从而造成操作思路混乱。

随着全球经济一体化的进程对中国城市化发展的加速,实践者们对城市营销和品牌建设表现出极大的热情,各大小城市都积极尝试这一创新的城市发展战略。因此,理论研究的滞后,系统的、专门的城市品牌化战略理

论的缺乏,必然导致中国城市品牌运作中"以点代面"的局部观念,对城市品牌问题的表层认识以及跟风模仿、操作混乱的现象,其效果也就可想而知。

(二)制度研究的缺位

组织和管理是贯穿城市品牌建设始终的一个关键因素,没有有效的组织和管理的保证,城市品牌与营销只会是纸上谈兵,无法顺利实施。许多研究者也意识到这个问题,但其研究的视角多停留于营销以及品牌战略规划和执行过程本身,而不是结合公共管理、城市管理等跨学科理论,进行深入系统的研究。

在实践中,由于传统管理制度中的专制、低效率、监督机制缺乏等弊端,造成城市品牌运作过程的执行力缺乏,甚至出现部分相关当权者打着城市经营、城市营销的幌子,揽取政绩、谋取私利等异化现象。因此,组织和管理机制的创新问题,具有很大的研究空间。例如城市治理是城市管理学中一个前沿的理念,也是国外城市管型实践的一个流行趋势,怎样将其与城市品牌运作的组织和管理相结合,即是一个值得研究的课题。

因此,我们要寻找一个创新的空间,将枯燥而程式化的城市品牌操作方法模式变得有趣而人性。那么,怎样消除机构臃肿、办事拖沓甚至还有点"面目可憎"的传统政府管理运作机制的弊端,让城市品牌建设顺利执行?怎样让城市品牌的内涵从商业品牌含义中升华,让城市品牌的战略目标与城市发展的终极意义相关联?——以人为本,从人本主义的视角来赋予城市品牌创新含义,并以此作为中国城市走出品牌困境的突破口——这是本书对这些问题的回答。

第二节 以人为本的城市品牌观

一、以人为本与可持续发展的辩证统一

(一)人本主义思想概述

以人为本是一个古老而永恒的话题,中国道家哲学中就有"贵人重生"之说。它提倡以人为贵而不以物为贵,提倡追求人本身的价值而不是用外在物质的获得来取代人生存的目的,倡导返璞归真的高质量的人类精神生活,反对因追求外在物质享受而损害人的本质和生命,可谓朴素的人本主义思想。

在西方历史上,人本主义是指14世纪下半期发源于意大利并传播到欧洲其他国家的哲学和文学运动,同时也指承认人的价值和尊严,把人看作万物的尺度,或以人性、人的有限性和人的利益为主题的任何哲学。它与超自然信仰和中世纪的亚里士多德主义相对立,是构成现代西方文化的一个主要要素。而在当代,人本主义思想已经发展成为一股错综复杂的思潮。它与科学主义相结合,发展出实用主义;主张反对科学主义,如存在主义和法兰克福学派;甚至与后现代主义相结合,如反人本主义等。并渗透到多个学科领域中,如伦理学、心理学、教育学等。

鉴于西方人本主义思潮的错综复杂,笔者主要借鉴其"以人为本"的基本出发点来探讨问题。并主要引用马克思人本主义思想作为理论依据。马克思认为"人是人的最高本质。""人的自由全面发展则是共产主义社会形态的最高原则。"具体来讲,即作为社会关系总和的人,需要求得自身的生存、发展,需要人际关系(社会)的和谐,需要人与自然的和谐。人的自由全面发展是社会发展的根本动力和终极目的。

(二)以人为本的可持续发展

今天,当经历了"以资本为核心"的传统工业时代,当赖以生存和发展的环境和资源遭到了严重破坏,并饱尝了环境破坏和价值失落的苦果时,人类开始重新审视自身和社会的发展。"可持续发展(Sustainable Development)"即是在这样的背景下提出的新发展观。1987年,在世界环境与发展会议上,挪威的前首相布伦特夫人作了著名的报告《我们共同的未来》,报告第一次明确提出,可持续发展是"既满足当代人的需要,又不损害子孙后代满足其需求能力的发展"。她的这一概念得到了与会人员广泛地接受和认同。通过联合国环境与发展大会的一次次呼吁,可持续发展从一个生态学概念逐渐质变成一个指引人类发展的重要发展观。可持续发展观主张建立在保护自然系统基础上的持续经济增长,即人类的经济和社会发展不能超越资源与环境的承载能力;主张公平分配,以满足当代和后代全体人民的基本需求,即一代人不要为自己的发展与需求而损害人类世世代代的自然资源与环境;主张人与自然和谐相处。

由此，我们可以看出可持续观中包含了"以人为本"的思想。可持续发展的本质意义就在于人类的持续生存和发展，以及人与社会、人与自然的和谐共生。1992年的《里约环境与发展宣言》指出"人类处于普遍关注的可持续发展问题的中心，他们享有以与自然相和谐的方式过健康而富有生产成果的生活的权利[①]。"1994年，在开罗举行的国际人口与发展大会上通过的《国际人口与发展大会行动纲领》指出"人人有权为自己的家庭获得适当的生活水准，包括足够的食物、衣着、住房、饮用水和卫生设备"。并明确提出了"可持续发展的中心是人"。

因此，我们可以得出结论：以人为本与可持续发展是辩证统一的，马克思人本主义的"人的自由全面发展"目标实现需要经济、社会、文化等的可持续发展来保证。同时，可持续发展的终极意义和具体主张中都充溢着"以人为本"的人文色彩。

可持续发展的观点目前已经被世界上大多数国家或地区的政府所接受，走可持续发展之路是人类文明发展的一个新阶段。中国政府也将可持续发展作为摆脱人口、资源和环境困境，赢得国际竞争的新战略，并把可持续发展原则贯穿到了各个领域。值得一提的是，胡锦涛同志在2004年3月10日召开的中央人口资源环境工作会议上的讲话中提出"坚持以人为本，全面、协调、可持续的发展观"，并作了详细阐释。这个讲话可谓马克思主义人本思想和可持续发展的完美结合，是对中国社会建设发展实践的绝佳指导。

二、城市品牌与城市可持续发展的关联分析

在城市经营的研究中，探讨可持续发展概念的较多，许多学者都提出了城市经营旨在实现城市的可持续发展。但是在涉及城市营销和城市品牌的研究中，多着重于发展城市经济、提高知名度、赢得竞争力等短期目标。城市品牌建设实践中也存在着重抓经济建设、形象工程、品牌知名度，却忽视城市经济社会以及环境协调和谐发展的现象。城市品牌的塑造与城市的可持续发展也存在关联。在城市竞争力研究中。城市品牌是作为城市综合竞争力的一个外部因素和城市价值链的一个环节而存在的。

城市竞争力是指"通过提供自然的、经济的、文化的和制度的环境。集

[①] 沈木珠. 可持续发展原则与应对全球气候变化的理论分析[J]. 山东社会科学，2013(01):164-168.

聚、吸收和利用各种促进经济和社会发展的文明要素的能力,并最终表现为比其他城市具有更强、更持续的发展能力和发展趋势。"而城市价值表现为两个层面,一是城市价值的最大化,二是城市形态的高层化。因此,城市竞争力和城市价值的最终指向是城市的可持续发展,城市品牌亦可融入城市可持续发展的系统之中。

(一)城市品牌是城市可持续发展的外部表现

城市可持续发展是指"在一定的时空尺度上,以长期持续的城市增长及其结构变化,实现高度发展的城市化和现代化,从而既满足当代城市发展的实现需要,又满足未来城市的发展需求,它包括城市经济、环境、社会可持续发展三个系统,具有区域性、综合性与层次性。其中,城市经济可持续发展是条件,环境可持续发展是基础,社会可持续发展是保证"。城市品牌是城市个性化的沉淀,是在竞争激烈的市场中所引起的受众偏好的重要识别特征,是城市在长期的经营或服务过程中形成的无形资产,是一种系统合力的体现。这一无形资产和系统合力能够给城市的发展带来良性循环、品牌知名度和美誉度的提升可招揽更多的投资,从而促进区域经济的发展,品牌个性在与城市文化和城市精神的交融中得以彰显和升华。城市公民在强烈的品牌归属感下创造出新的文明。如同一个成功的产品或企业品牌具有强大的生命力一样,一个卓越的城市品牌也能够促使城市挖掘自身潜力,突破发展瓶颈,赢得超越竞争者的竞争优势,从而达到经济、文化、环境等方面的和谐发展。

因此,可以说城市品牌是城市可持续发展的外部表现,它直接体现了城市可持续发展的程度。

(二)城市可持续发展是城市品牌的最终指向

城市品牌既然是城市可持续发展的外部表现,那么反过来,实现城市的可持续发展就是城市品牌塑造的最终意义所在。城市经济的发展、城市形象的塑造、城市知名度的提高等,都只是城市品牌塑造的阶段性目标,都只是实现城市可持续发展道路上的一小小步骤。如果把过程、步骤视为最终目标,必然出现目光短浅甚至歪曲理解等现象。将城市可持续发展纳入城市品牌的视野和范畴中,无疑赋予了城市品牌战略一个全局视野和全新高度,也赋予了其新的内涵和本质。

同时,城市品牌也要实现自身的可持续发展。在品牌学理论中,品牌的成长过程可分为导入期、推广期、成熟期、衰落期四个阶段。城市形态也有五种演化模式,即开放型城市、成长型城市、停滞型城市、衰退型城市和濒危型城市。因此,一个城市品牌的建立不是一劳永逸的,而是长期持续的、系统的、与城市的发展变化相适应的一系列品牌战略和规划。如何针对不同的成长阶段采取不同的品牌策略,使品牌资产实现由积累到释放的过程,对品牌竞争优势加以创建、维护和充分发挥,从而实现城市品牌的持续发展,城市可持续发展可谓一个终极指南,它可以让城市品牌不会没落于城市沧海桑田的变化中。

城市的可持续发展与城市品牌存在如此紧密的关联,可持续发展中又包含了以人为本的思想。所以我们可以推演出本文的核心概念——以人为本的城市品牌观。

三、以人为本的城市品牌观

城市品牌是一个系统、综合的概念,从不同的角度可以看到它的不同侧面。如从价值论角度,我们看到城市品牌在战略层面的意义、目标、价值取向等;从认识论角度,城市品牌识别系统包含着品牌精髓、品牌个性、核心识别、延展识别等;从方法论角度,可看到城市品牌化过程,如品牌定位、品牌策略、品牌推广、品牌管理等战术层面的内容。"以人为本的城市品牌观"就是从以人为本的发展观来审视这各个方面,将人的全面发展和城市可持续发展纳入城市品牌战略的意义和价值范畴,从人与社会、自然和谐发展的角度重新认识城市品牌识别系统的社会与文化内涵,并将"以人为本"思想运用到城市品牌化的具体步骤之中,实现品牌定位、传播、管理等的创新。

(一)城市品牌终极意义:公共价值与整体满意

在有关城市品牌的研究中,研究者多将城市品牌运作的目标和意义锁定在城市价值上,城市营销、城市品牌作为提高城市竞争力、实现城市价值增值的因素而存在。城市价值是城市管理研究中的一个概念,价值原本是经济学的一个基本概念,对城市价值的研究也是以经济利益为起点的。如城市价值链、城市价值网络、城市收益等理论。随着工业化、城市化和商品经济的发展,价值主体之间的竞争、多元价值并存乃至冲突,逐渐成为人类社会的部分突出问题,价值概念也开始向更广泛的意义渗透。对于城市价值的探讨也进入了一个新的领域,如公共管理研究中的"公共价值",城市价值的人本主义回归倾向等。

美国哈佛大学肯尼迪政府学院的马克·莫尔(Mark·H·Moore)认为,公共管理的终极目的就是为社会创造公共价值。城市营销、城市品牌的运作即是公共价值与私人价值之间的一个博弈和激励过程,旨在实现公共价值的最大化。张鸿雁提出"城市社会整体满意系统",指出进入工业化,甚至后工业化时代以来,人类的民主进程加快,城市与国家都需要面对存在价值的转型的问题,现代城市与现代国家的市民社会一样,都不再是少数人的,而是全民的。城市存在的价值是社会整体——市民社会的整体利益,集中表现为城市社会整体财富的利益公共性。从更完整的意义上说,城市的发展包含着社会整体满意的体系,即城市市民满意、城市游客满意、投资者满意、环境满意、管理者满意、社区满意、机制满意、历史满意以及未来满意等。这个"满意范畴"的深刻内涵还包含着市民社会的个体选择宽度和城市社会整体民主程度。"公共价值"与"城市社会整体满意系统"有异曲同工之妙,都体现了民主思想以及以人为本的宗旨。

将城市品牌的根本目的和终极意义指向公共价值和城市社会整体满意系统。无疑是将城市品牌从促使产业发展、突破城市发展瓶颈的经济目标中升华,并与城市和人类发展最终目标相融合。在促进城市财富增长,经济发展的同时,城市品牌运作亦追求人类自身的完善发展,人际社会的和谐性以及人与自然关系的可持续性,将城市可持续发展、城市社会的和谐度和城市居民的幸福感视为已任。此为"以人为本"城市品牌观的价值视野。换句话说,城市营销、城市品牌对城市价值的促进和提升,不仅指对城市经济价值,也包括了人文价值、社会价值、环境价值等在内的各种价值的综合和系统的提升。

市场营销学的品牌理论为城市品牌识别系统描绘了层次清晰、极具操作性的模式,如从品牌精髓到核心识别,再到扩展识别三个层次,又如消费产员(产品、顾客)、空间存在(城市特性、空间价值)、文化存在(城市历史、文化特征)、符号(视觉标志、建筑、行为事件)等各种意义上的多元城市品牌识别等的城市品牌。而"以人为本"将给这些抽象的概念带来灵动和生趣。

"城市文化资本"是张鸿雁在城市形象研究中提出的一个概念。其借鉴布尔迪厄的"文化资本"概念,从个人文化资本——教育和相关文化资源的意义上延伸到城市,强调城市业已存在的精神文化、物质文化、制度文化和财富的"资本性"意义,如城市自身的文化遗存、流芳千古的人物和精神价值,以及城市自身创造的一系列文化象征与文化符号等,都具有鲜明的资本属性和资本意义。同时,与单纯的经济资本的差异是,"城市文化资本"是人类精神与物质文化的一种新意涵,是人类发展的一种精神支柱,是人类社会进化的文化"动力因"。张鸿雁指出。城市形象系统具有城市文化资本的意义,"城市文化资本"运作即是城市经营、城市营销的最新创造和运用。

国内外有关城市形象和城市品牌的研究多有交叉重叠之处,尤其是城市形象识别系统与城市品牌识别系统两个概念,虽然一个来自企业CIS,一个植根于品牌理论,但研究对象很是相似。因此,当我们尝以从城市形象研究中的社会人文关怀角度来看时,发现城市品牌系统也属于城市文化资本范畴,也是城市发展的一个文化"动力因"。

从这个意义出发,城市品牌识别系统的人本主义含义可以理解为是城市社会心理归属的文化创造。城市是人创造的一种环境,这个环境被人们所依赖,城市可以使居住者产生心理归属感,甚至是荣誉感和优越感。如芒福德提到:"最卑微的居民则可以将自己同城市的集体人格联系起来,同城市的权力和光彩联系起来。"同时又为人们所改造,城市品牌塑造是这种改造的外部表现,它能够使城市更加彰显个性,发挥现代化成就以及历史文化底蕴、精神传统的魅力,进而增加城市的凝聚力和吸引力,慰藉人类渴望家园和归属的心灵。城市品牌识别系统本身就是这种个性与魅力的外部表现,也是城市社会归属的文化表现。

(二)城市品牌化过程:人性沟通与制度创新

城市品牌化过程是寻找城市品牌定位、品牌传播与推广、效果评估、品牌资产管理、危机管理以及其他过程的组织协调。将以人为本的思想贯穿到这个过程中,则将使这些程式化的操作模式更加人性化。如城市定位着眼于人居、健康等人本概念,品牌推广强调沟通、互动,组织管理进行制度创新、公私协同、全民参与等。

城市社会的到来为中国社会带来了巨大的变迁和转型,在整体文化行为意义上,促进了"城市新文化行为"的兴起。"城市新文化行为主义"是张鸿雁提出的又一概念,他认为,城市形象塑造和建设过程,是"城市新文化行为主义"的一个表现形式。"城市新文化行为"运动是工业社会向后工业社会转型过程和全球化、民主化趋势中的一个潮流,是人类的社会理性和自然理性的一种归属,它使城市社会的个体成员获益。

以人为本的城市品牌化过程也可以表述为一种城市新文化行为,本着人本观念对城市品牌化过程进行操作和治理的创新,必然使城市社会的价值观、城市的精神理念、城市存在的意义、城市空间符号的社会与文化属性、城市人的行为礼仪、城市人与自然环境的关系、城市人与社会空间的互动关系、城市与社会生态和谐的共生竞争关系等得以重构,进而获得新的含义。

城市品牌化是一个系统、综合的工程,它涉及多学科领域的理念运用,如城市规划学、城市社会学、公共管理学、营销学、传播学、广告学等。同样,其以人为本的创新也可以借鉴各学科的前沿理念,如城市规划中的人居概念,营销学中的"关系营销""体验营销",城市管理领域的"城市治理"等。

第三节 对城市品牌实践的创新

以人为本的发展理念为中国城市品牌的提升揭示了一个突破口,而具体如何"突围",也就是以人为本的发展观将在中国城市品牌实践中遇到怎样的挑战和带来怎样的创新,将秉承上文价值论、认识论、方法论的分析思路,结合中外城市品牌案例进行详细论述。

一、公共价值与整体满意前提下的品牌战略

在实现公共价值最大化和社会整体满意的目标前提下,城市品牌战略就不再是一个简单的打造知名度、推销城市的营销方案,它将与城市发展战略、城市规划、城市资源配置、社会利益分配、各方面社会力量协同等问题紧密联系,形成一个能够实现社会整体利益最大化和城市可持续发展的城市经营动态系统。因此,处理好城市品牌战略与这些关联方面的关系,是实现这一价值延伸的关键。各种目光短浅或谋取私利的品牌建设异化问题也可迎刃而解。

(一)城市品牌战略是以城市发展战略为基础的辅助战略

城市发展战略包括城市的发展方针、指导思想、发展目标、发展宗旨等。它通常侧重于经济、社会、生态、环境、资源等方面,以此来确定发展目标、发展模式、发展道路、发展速度、发展水平和产业政策、增长方式转变等问题。城市品牌战略则是以城市发展战略为基础的一种辅助战略,侧重于城市的无形财富的开发与利用,致力于提升城市的对外影响力,以创造无形资产,增强对内的凝聚力和向心力。可以说,城市品牌战略是从另一个角度对城市发展战略、内容进行传达和演绎,对城市发展战略有整合、检验与完善的重要功能。

随着城市经济增长、社会发展模式的转变以及自然生态文明的蓬勃发展,城市的发展模式和发展理论也在不断更新。从霍华德的"田园城市"、沙里宁的"有机疏散理论"、勒·柯布西耶的"现代城市"以及带状城市、工业城市等城市发展理论,到当代盛行的"新城市主义"思潮,城市发展理论已从现代主义发展到了后现代主义。"城市主义"产生于20世纪80年代的美国,源于对地方地理、自然生态环境、历史文化和对"新经济"时代的理解,以及对必要的城市规划与设计原则的尊重。"新城市主义"汲取了人文主义、历史主义、生态和可持续发展等思想的精华,引领人们寻找到一条实现城市持续发展的道路。

在"新城市主义"思潮的影响下,衍生出学习型城市、生态城市、数字化城市等概念,并在世界各城市的发展战略和建设规划中受到青睐。日本大阪在世界上首次提出学习型城市这一概念,中国的各大中城市现也已逐步接受了这个概念。学习型城市强调城市的学习创新能力,城市在制度上保证城市全员的学习发展过程,通过学习使社会全员都成为财富的创造者和社会发展的创新者,使城市永远处于创新的过程中。生态城市旨在创造一个生态和谐的自然与社会,这个生态集中体现在生态资产、生态健康、生态服务及城市的3M上(3M即:城市代谢、城市交通、城乡生态关系维护[1])。生态城市强调森林、山水与现代生活方式的关系。数字化城市以信息化城

---

[1] 李迅,李冰,赵雪平,等.国际绿色生态城市建设的理论与实践[J].生态城市与绿色建筑,2018(02):34-42.

市社会的到来为背景,倡导信息技术革新带来的产业转型和社会变革,如信息智力产业取代传统工业成为主导、各类社会组织结构扁平化、生活方式与人际关系回归、多文化的互动深化、新型远程教育与自我教育结合、获取信息方式与应用方式变革、信息城市国际同步、经济活动远程化、产业经济家庭化、新型社区虚拟性等。

不论是新城市主义的发展思潮,还是学习型城市、生态城市、数字化城市等战略概念,它们都体现了城市发展趋势中的人本主义和可持续发展观。城市发展的人本目标是让人类生活得更好。作为城市发展战略的一种辅助战略,城市品牌战略尤其侧重城市对外形象、无形资产、文化功能等方面,其意义和目标当然也应该与城市发展的人本趋势相结合,以期实现共同的价值,并使社会整体满意。故而随之而来的战略制定和品牌塑造过程等都应该沿着这一主线进行。

(二)城市规划与城市品牌"软硬互补"、相辅相成

城市的品牌战略制定不可与城市规划分割开来。城市规划是根据城市的地理位置、交通条件、资源优势、人文环境、文化背景和经济实力等诸多因素而做出的关于城市在空间和时间上的定位和安排。它是紧承城市发展战略的建设措施,着重物质形态的城市功能建设,如交通设施、公共建筑、产业建设等的中间分布和时间安排。这与城市品牌侧重塑造精神形态的无形财富这一特点正好互补,两者结合,才能将人本的价值概念表现得更为彻底。

基础设施的建设、产业支柱的培植、城市功能的完善、城市环境的塑造等,都是一个城市要形成自己的品牌的必要元素,是这个城市良好品牌形象的坚固基石。但城市品牌战略并不能对这一庞大综合的城市系统设施建设提供具体的指导。笔者以上提到的中国城市品牌建设中的种种现象,诸如大兴土木、超限投资基础设施、相互模仿攀比公共建筑、打造"地标",又或产业定位雷同,忽视文物保护、生态环境、城市卫生以及公共设施功能建设等,足以让一个城市的品牌形象黯然失色。而科学的、人本的城市规划恰能解决这些问题。

诚如哥伦比亚首都波哥大前市长、著名城市发展与管理专家恩里克·幡纳罗所言:"好的城市应该是更人性化,对老弱病残群体充满关爱的城市。为行人和骑自行车者提供的一切便利,不仅有助于人们的休闲,同时也是社会对人格、人性尊重的象征。""高度文明的城市,并不是公路四通八达的城市,而是骑在三轮车上的儿童可以安全地四处撒欢的城市。"

以人为本的城市规划崇尚自然天成,如水城威尼斯顺应其独特的地形特征建造了独特的美;以人为本的城市规划尊重历史文化,如欧洲的一批著名城市罗马、佛罗伦萨、巴黎、布鲁塞尔、阿姆斯特丹等,都堪称建筑的博物馆和艺术的宫殿。以人为本的城市规划强调创造和谐、健康的人居环境。欧洲的城市多注重绿色生态的建设,强调人与环境的协调和统一。如波兰首都华沙人均绿地面积近80平方米,在世界都市中居于首位,素有"绿色首都"之誉;法国巴黎拥有各色各样的绿色花园,享有"世界花都"之美誉;英国各城市的地图以那一块块大大小小密布的绿地标志著称;基辅被美国的一位艺术家称为"在公园里见到的城市"。

总之,科学的、人本的城市规划为城市品牌的形成打造基础,或者说,其创造的良好城市功能与人居城市环境本身就是城市品牌的一个重要组成部分。因此,两者应当相辅相成,在城市发展战略工程中充分合作。

(三)城市资源的优化配置

时下,打着城市经营或城市品牌建设旗号进行资金超限投资,或将土地等城市资源快速兑现,转变成当权者可用的财力,或以城市发展建设的名义忽视城市生态和环境资源保护等现象在中国城市品牌建设中屡见不鲜。资金、土地、环境、人才等各方面资源如何实现最优化配置,从而促进城市的可持续发展,是城市经营的一个重要内容,也是一个以人为本的城市品牌的基本素质。公共价值和社会成员的利益正是靠经济、社会、文化等资源的科学配置来实现的。

城市资源的配置,在传统上属于政府行为,而财力短缺通常来说又是各城市政府的一大难题,因此就不难解释那些为了追求直接或短期资金效益的对城市资源进行过度开发、不合理开发或破坏性开发的现象。在城市品牌化运作的阶段,为使城市资源被更好地开发利用,为了充分优化和发挥城市功能,就必须引入市场机制,对城市资源进行资本化、市场化运作;必须利用少量的公共财力来启动大量的社会资本,重视那些在近期条件下难以产出直接经济效益的城市资源开发,如城市文化、城市生态等;必须关注控制污染的机会成本而不是将投资局限在生产、生活过程排放的污染物处理上;必须着力人才资源的开发。人的活力,决定着一个城市经济乃至社会的活力,因此,人才资源的优化配置也是城市品牌和城市竞争力的重要表现。

总之,将所有的城市资源都用在完善城市功能、增强城市综合竞争力上,最大限度地致力于公共价值的最大化和城市的可持续发展,以此形成良性发展,方能使城市的品牌建设不再被当作"幌子"来谋取私利,才能使之具有活水源头,才能使之清澈如许。

(四)多元主体的利益均衡及公共利益的最大化

城市资源的优化配置旨在实现经济、社会、文化、环境等各城市功能与效益的均衡和优化,主要是就城市品牌建设的客体而言。而笔者在这里提出的利益主要是针对城市品牌运作的主体而言(政府、企业、公众三方主体)。怎样进行公平的利益分配,私人利益与公共利益间如何进行博弈与激励,以确保整体利益的最大化,这是以人为本的城市品牌不能回避的问题。

政府作为城市的管理者,看重的是城市建设、产业发展、城市形象等方面。企业作为城市的运营商,旨在自身的盈利与发展。而广大的民众关心的是自身基本的生活保障、权利与自由。三者有着各自的利益和出发点。实际上政府与企业有着权力和资本的优势,因此通常在城市品牌运作中占据了话语权,而广大民众被置于被动地位,其利益很少受到应有的重视。例如,重点路段、核心区域和标志性建筑设施对城市起着极强的象征意义和对外展示价值,所以成为政府重点投资的项目,而大量的与广大民众利益相关的民用设施、民生设施等则长期处于"病态",因其太小,太一般。又如,城市土地开发商们为迎合富人的情趣,打造出不同等级概念的居所,让普通市民们一步步退失城市的领地。

因此,利益分配的公平问题,主要是指公众利益的实现。如关系民用、民生的小项目、小设施的建设和完善;社会保障制度的健全;政府站在造福民众、社会公正的立场上来着手城市发展建设,调剂富人与民众的利益冲突;企业多一些考虑问题的公益、人本视角。当然,这样的理想状态需要引入动力机制,使三方利益在相互的博弈中达到和谐统一,最终实现社会整体利益的最大化。如政府管理制度创新、公私合作、全民参与等,如此方能打破传统机制的窠臼,才能实现人本价值的回归。

品牌的核心价值代表着产品或服务带给公众的最大和最根本的利益。

在公共价值和社会整体满意的价值延伸下,城市品牌不仅反映了这座城市在商业竞争社会存在的理由,更重要的是它代表了这个城市能够给全体社会成员带来最大的利益,并体现为一种全方位的价值体系;体现城市核心竞争力,强调竞争优势的价值观;体现顾客的价值与满意,强调服务意识的价值观体现生存主张,引导市民形成意识共鸣的价值……多维的价值体系在诸多的相关因素(城市发展战略、城市规划、资源配置、利益分配等)与城市品牌建设的相互作用中得到彰显。

二、指向城市社会心理归属

在以人为本的视角下,城市品牌识别系统不再是一堆抽象、空洞的标志、口号等符号,而是城市社会心理归属的一种文化创造。那么,诸如品牌精髓、核心识别、延伸识别等系统要素或子系统如何体现这一人本内涵,如何完成品牌文化创造,并最终指向城市社会的心理归属?笔者认为"功能"与"文化"是回答这些问题的关键词。功能是城市的骨髓,文化是城市的血肉,前者为基础,后者为升华,两相结合,形成城市品牌的文化与价值

(一)品牌基础:城市功能的人本开发

城市功能的定位与开发是城市发展建设的一个基础部分,也是形成城市定位和品牌核心的前提。笔者在此着重探讨其在城市品牌系统形成中的基础作用和人本创新。

1.城市功能的人本含义

对于城市功能的研究,不同的学科有不同的着眼点:城市地理学和生产力布局学认为城市的选择必须有益于居民点的合理分布和生产力规模效益的发挥;文化人类学强调城市功能扩张在于对人类文化的保全、整合、传递以及新文化的创造;人口学提出城市不仅有利于人口的合理流动和成才,还可以提高人类的生活质量。从经济学的角度看,城市的主要功能在于规模经济效益。在社会学的功能分析模式中,城市是人类的重要生活环境,是现代人类文化、文明创造和传播的中心,城市代表了一种新的生活方式;从城市管理研究角度分析,城市功能主要体现在承载(自然物质和人工物质的承载)、依托(各类社会经济实体以及其错综复杂的社会流动均以城市为依托)、中心主导、分类等方面。

从上述各学科角度探索的城市功能中,我们都可以看到以人为本的影子。城市功能的本质是经济流通的集散功能和满足城镇居民进步的社会功能。在城市的功能定位中,应当锁定这一功能的本质含义,如此才能确保之后的品牌建设等不至于浮于表面或偏离方向。

2.城市功能的人本定位

从功能与结构关系来思考,城市可以区分出多种功能、如区位功能、经济功能、文化功能、社会功能、政治功能、产业功能等。由于历史、地理、政治等因素的影响,城市在各项功能上发展并不均衡。根据城市在各项功能上的不同侧重,可分为不同的类型,如政治型城市、经济型城市、交通型城市、文化型城市、旅游型城市等。倪鹏飞及其城市竞争力课题组的相关研究就提出了综合经济中心定位、文化中心定位、科技中心定位、装备制造中心定位、加工制造中心定位、金融中心定位、物流中心定位、会展中心定位、旅游中心定位、人居中心定位等中国城市十大功能中心定位[1]。

从长期的历史发展与现实竞争中提炼出一个城市的核心功能,寻找其最具个性的差异化定位策略,是城市形成品牌竞争力,进而形成城市竞争力的重要步骤。历史证明,富有活力的城市功能的最终形成主要得益于这一城市居民的生活;以及在此基础上形成的历史传统,主要包括生活方式、地方教育、市民素质、城市信仰等。如中国香港,其在长期的渔业以及近代以来因殖民者的强占而形成的东西方贸易中转历史中,逐步形成了今天以"亚洲国际贸易中心"为核心经济功能的定位。在现实层面,一个城市核心功能的形成有赖于政策、资源、机会、教育等结合当代城市发展的生态化、数字化等趋势,城市核心功能可锁定在生态、人本、智能等目标上,从而实现差异化的定位和突破传统发展模式的瓶颈。

人本意义上的城市功能定位与开发为城市提供了健全的骨骼,接下来就该用文化与精神来组成城市的血肉,使城市生动起来。

(二)品牌灵魂:城市文化的积淀与创造

英国人类学家E·B·泰罗对文化作了定义:"从广义的人种学含义上讲,文化或文明是一个复杂的整体,它包括知识、信仰、艺术、法律、伦理、风俗以及作为社会一员的人应有的其他能力和习惯。"英文"文明"一词

---

[1] 刘笑男,倪鹏飞.中国大中城市竞争力的耦合协调度分析[J].河北经贸大学学报,2019,40(02):57-64.

(urbane,urbanity)即是从"城市"(urban)一词演化而来,刘易斯·芒福德在《城市文化》一书中明确提到:"城市文化归根到底是人类文化的高级表现。"文化是城市的灵魂,是城市得以延续的重要内容。城市是一个复杂、动态的体系,其文化也是一个错综复杂的系统。在此,笔者从城市精神、历史文化、文化品牌三个方面进行分析。

1. 城市精神

精神理念是一个人、一个组织乃至一个民族存在和发展的精神支柱,也是城市文化和凝聚力的核心。城市精神是一个城市在长期的历史发展和现实的竞争需要中形成的基本信仰、整体价值观和市民行为准则的综合。从城市精神出发,我们可以形成城市品牌识别系统的品牌精髓,进而形成城市核心识别。

现阶段中国城市在精神理念与口号运用上,大多雷同,多浮于形式,缺乏差异性和独创性。如大家都"开拓""严谨""求实""创新""团结""进取""奋发""拼搏"等。笔者以为以市民社会为特征的城市精神和品牌核心应多一些人性化,应从城市传统文化、市民思想观念中提炼,使其充满个性化的生命力。如中国香港城市品牌的核心价值"文明进步、自由开放、安定平稳、机遇处处、追求卓越",即是在国际都会独特精神、反映中国香港各项特质的基础上总结而为的。它体现了百年来香港人的奋斗和追求,也是其在未来继续保持自己在竞争中得以生存和发展的精神支柱。

2. 历史文化

历史文化资源是一个城市文化品质的重要表现。源于地缘、环境、历史和传统,一个城市的历史文化资源将城市的过去和现在浓缩,表现为人文历史景观等物质实体和传统文化、风俗习惯、人文精神等非物质形态。世界上的诸多名都大邑,多凭借深厚的历史文化资源而形成了独特的个性品位,进而享誉世界。罗马城是古罗马帝国的发祥地,世界四大文明古都之一。两千七百多年的历史使这座城市成为一座巨型的露天历史博物馆。雅典,古希腊文化的摇篮和中心。古希腊的神话、传奇、英雄使这座城市在今天仍散发出神秘的光彩。佛罗伦萨,十四五世纪的欧洲人文主义和文艺复兴运动,以及达·芬奇、但丁、伽利略等巨匠使之名扬天下。历史文化资源是一个城市形成品牌,使之彰显个性和魅力的一种独特优势。中国的许多城镇都具有这种潜力。西安、南京、曲阜、平遥……从大都市到小城镇,中国五千年的历史就沉淀在这些神州大地的结点上。他们等待着我们去挖掘,去开发,去发扬光大。

怎样将历史文化的精髓融入城市品牌文化之中,从而形成具有人文精神和文化底蕴的品牌形象?对历史的扬弃尺度是关键。为什么中国的许多大城市都呈现出越来越相似的现代化?为什么许多历史文化的名都古邑都悄无声迹,似乎被人遗忘?究其原因,城市的个性没有得到突出,换言之,其丰富的珍贵的历史文化资源没有得到鉴别和重视。在城市建设和品牌运作中,城市文化面临被选择的命运。选择就意味失去,当选择一种文化模式,就等于失去另外一种传统与特点。如成都在寻找自己的品牌文化定位时,在"休闲文化"与"历史文化"之间进行衡量,最终选择了"休闲文化"为其核心定位。并最终着力打造美食、休闲、人居等概念,而古蜀、三国等历史文化相应退居到二线的位置。因此,对历史负责,对城市的人文精神和文化品位负责,是城市的管理者、专家乃至市民在参与历史文化选择时共同的责任。

3. 文化品牌

从类别上分,一个城市品牌系统中包含了产品品牌、产业品牌、自然品牌、建筑品牌、文化品牌等要素。其中,文化品牌最引人注目。文化在人类和社会发展中的作用已经受到越来越多的关注,许多国家和城市都把发展文化产业上升到战略高度来抓。

文化是一个宽泛的概念,城市文化系统既包括了大型艺术文化场馆、体育文化场馆、图书馆、博物馆、科学馆等硬件设施,又包括了文学、艺术、音乐等思想集结形式,还包括伦理观念、职业道德、消费行为、时尚、价值观、交往方式、市民礼仪等抽象理念。这些物化的、非物质的文化形态均可以成为文化品牌。但在城市品牌战略中运用较多的仍是物质形态的场馆设施、文化产品等产品品牌和文化节、文化运动等文化服务品牌。

仅文化品牌能够使城市的品牌内涵丰满。钢筋混凝土能使高楼林立、但提供高品位的、善于理性思维的地市性格尚需文化来铸就。文化品牌的繁荣是部城市个性生动的表现。国外有许多利用文化品牌使国家或城市重现生机的例子。当英国人通过民意调查了解到世界人民对他们的了解还停留在狄更斯读时代的高帽子、黑色礼服上,对他们的商业毫不了解,对科技的了解也仅限于工业革命时期时,为了摆脱这一古板、守旧的形象,英国人选择了以文化作为手段,他们开始了一系列名为"创意英国"的品牌营销活动,以雕塑、时装、工业设计、生物科技、太空技术,家居设计、教育等为主题进行公关和展览活动,进而形成相应的文化品牌。如今,创意与时尚成为英国展现在世界人民眼中的标志形象。再如美国的皮兹堡、巴尔的摩、波士顿这些曾经衰落的城市,同样也是通过创造新的文化品牌后得以繁荣。巴塞罗那通过科学的城市文化品牌设计,新文化旗帜的升起和文化节的举办得以复苏。而中国许多城市在品牌建设时,大多还停留在修建基础设施、培植产业支柱,开展简单的形象宣传上。像当年的"图兰朵·祖宾·梅塔+张艺谋+太庙"这样强强联手,获得成功的文化品牌营销事件仍是凤毛麟角。

总之,文化之于城市,是灵魂,是守护神,正如奥斯瓦尔德·斯宾格勒所说:"茅舍对农民的关系就是市镇对文化人类的关系。像每一所个别的房子都有它的仁慈的神灵一样,每一个市镇也有它的守护神或圣徒。"城市文化之于城市品牌,是灵魂,是核心,两者水乳交融,精神理念、历史文化、文化品牌的铸就和积淀丰富了城市品牌的内涵,成就了其高雅的品位和人文精神气质。而当品牌成为文化,其人本特质和社会心灵归属地指向将形成强大的"文化力",反过来会对城市的发展产生巨大的作用。

(三)品牌文化:城市文化资本与文化力

功能与文化共同组成一个城市的品牌属性。品牌识别系统的各组成部分和各子系统都包含了这两个方面的内容。而功能与文化的不同侧重,造就了不同城市品牌的特质与个性。

高功能性—高文化性的城市,如纽约、上海、巴黎等,其城市功能与城市文化都高度发展,其庞大的城市系统才得以高速运转,并产生强大的向心力和辐射力,是这些国际大都市的魅力所在。

低功能性—高文化性的城市,如耶路撒冷、拉萨、香格里拉等,因历史或地缘因素形成了其著名的精神文化品牌,但城市功能并不发达,这一基础的薄弱使它们停留在一个精神信仰的寄托的位置上,并不能充分发挥城市人类身心居所的作用。

高功能性—低文化性的城市,如深圳、拉斯维加斯等,特殊产业和经济的发展形成了其高度现代化的城市功能,但由于缺乏历史文化和人文精神,阻碍了它们往更高层次的发展。功能的机器缺乏文化的润滑,必然导致发展危机。深圳与拉斯维加斯都曾遭遇过这些迷茫。

低功能性—低文化性的城市,则停留在小城镇发展阶段,缺乏品牌的张力。由此可见,功能与文化在城市品牌的形成中各有千秋、缺一不可。城市功能提供身的居所,城市文化实现心的归属,身是心的载体,心是身的灵魂。不同的城市应根据自身的特点,寻找出阻碍发展的那一块"短极",进行加长。当功能与文化水乳交融并高度发展时,城市品牌内涵和积淀开始丰富起来,进而形成品牌文化。这一文化是促进城市发展的无形资产和强大力量。即张鸿雁所提的"城市文化资本",亦即中国社会科学院经济研究所李成勋所提的"文化力",表现在凝聚力、吸引力、辐射力三个方面。品牌文化作用于城市内部,对本城市的居民具有鼓舞作用,使他们获得荣誉感和归属感,从而激发他们热爱本市、建设本市的热情,是为凝聚力;作用于城市外部,表现为吸引力和辐射力。吸引人是对内的向心力,它使外界的人羡慕、向往、趋之若鹜;辐射力是对外的扩散力,吸引力与辐射力相辅相成,城市品牌文化越深厚,对外的辐射力越强,吸引力也就越强。人们渴望这个城市给他们带来更大的精神享受、更多的物质利益和更好的发展机遇,如青年人都向往巴黎的流光溢彩,喜爱音乐的人都梦想去维也纳。

从社会文化的角度上,文化资本和文化力在本质上即城市社会心理归属的文化创造。城市是人类的家园,我们对家园有了认同感与归属感,才会产生去建设和发展它的动力。因此,从这个角度出发,将城市品牌视为一种城市社会心理归属的文化创造,从功能与文化两个方面来打造城市品牌,形成品牌文化,是实现城市可持续发展的一条人本之路。

三、人性沟通与制度创新的品牌体验

从战略制定到识别系统建立,到传播推广,再到品牌资产与危机的管理,以人为本的思想为城市品牌化过程提供了创新的空间。以上笔者从价值层面探讨了城市品牌的战略和空间意义,在认识层面思考了品牌识别系统的文化内涵,这里则主要探索品牌传播与管理两个品牌化过程的方法创新。在体验经济和关系营销大行其道的年代,运用"体验""关系"的概念来进行城市品牌的传播推广和组织管理,与"以人为本"强调人性满足与人际(社会)沟通的观点是可以结合在一起的。

体验经济是人类经济形态中继农业经济、工业经济、服务经济之后的第四级台阶,消费和服务不再是机械的交易过程,消费场所成了剧场,消费者成了参与者和主要演员,体验为卖方提供了商品和服务的附加值,为买方带来了趣味、知识、转变和美感。体验经济提供的不再是自然的产品、标准化的商品和定制的服务,而是个性化的体验,由此而被称为最符合人性的经济模式。城市品牌与传统的产品、企业品牌相比,其产品、企业(如果把城市比作企业的话)、人、符号等元素都更具复杂性,在消费、空间、文化、符号象征等意义上都更具体验的特征。因此,将城市的品牌化过程视为创造一种品牌体验,无疑能为机械的城市增添人性的温暖。

关系营销是在"社会学时代"的大背景下,于20世纪90年代伴随着市场经营理念的发展而产生的。关系营销把营销活动看成是一个企业与消费者、供应商、分销商、竞争者、政府机构及其他公众发生互动作用的过程,企业营销活动的核心是建立并发展与这些公众的良好关系。在城市品牌营销中,"关系"是一个重要内容。

政府、企业、公众等营销主体之间乃协同合作、利益均衡,营销主体与投资者、游客、公众等客体是买卖互动关系,政府营销在一定程度上是关系营销。而关系营销强调的发展与维持和谐良好互动关系无疑也使得城市品牌化过程成为一种人际(社会)交往的体验。

品牌推广是将案头的品牌战略方案、品牌识别系统形象化甚至物质化的具体过程,品牌管理中的组织力、执行力直接影响到品牌的建设与延续是否能成功。因此,这两个过程在方法论中最具有探讨的价值。

(一)运用人性沟通创新品牌传播

一个个似曾相识的品牌诉求,大喊大叫的城市宣传广告,铺张声势却又毫无新意的活动,演的人铆足了劲,看的人觉得索然无味。皆因缺乏两个字——沟通。传播学中简单的"传"与"受"的传播模式已经被如今这个地球村的时代所淘汰,传者与受者之间的界限模糊,沟通、互动、人性交流已成为传播的新趋势。要将品牌传播过程转化为一种体验过程,触动心灵的诉求定位、着重沟通与互动的传播手段、人性化的"品牌—顾客"关系营造等,均是值得尝试的创新方法。

（二）运用制度创新提升品牌管理

企业营销理论研究品牌管理主要从品牌价值、品牌形象、品牌资产、品牌危机等几方面的管理入手。但城市品牌运作的对象是更为复杂的城市系统，运作的主导者是具有公共意义的政府，因此城市品牌管理在很大程度上是政府对城市系统的管理。其中，组织协调和管理创新是两个关键。组织协调直接决定了品牌化过程的执行是否成功，而管理制度、服务的创新本身就是人性化城市品牌形象的组成部分。

第五章 城市文化与城市品牌形象

第一节 城市文化的重大意义

一、城市文化与其他领域的协调发展

马克思的唯物史观认为：人类社会是一个由社会物质经济结构、社会政治结构、社会意识结构构成的有机整体。诸要素在人类社会的发展过程中相互联系，相互作用。马克思说明了文化作为社会上层建筑的发展复杂性，强调文化之于其他要素的相对独立性及其发展的不平衡性。的确，"现在的社会不是坚实的结晶体，而是一个能够变化并且经常处于变化过程中的有机体。"即城市社会被看作是一个由诸要素相互联系、相互作用且不断发展变化的复杂系统。现代中国城市社会不再以经济因素作为发展的唯一标准，更加注重城市社会的多领域、深层次的发展。文化作为重要的发展要素在城市发展的过程中发挥着不可替代的能动作用。文化因素已经渗透到城市经济和社会政治的发展过程中，成为推动城市生产力发展和社会政治表现形式的重要组成部分。首先，现代中国的城市文化发展应充分发挥文化的能动作用，深入推进城市文化产业的"供给侧结构性"改革，解放文化生产力，激发城市文化消费潜力，顺应"互联网+"趋势，加快以信息技术为代表的高新技术向现实生产力的转化，将城市文化因子渗透进城市的经济活动，彼此之间形成发展合力。其次，城市文化要为现代中国的政治民主和法治建设提供了意识引导，为政治的发展提供良好的舆论环境及氛围基础，促进城市文化与政治协调发展。最后，推动城市文化事业和产业的发展，把社会效益放在首位，力求实现社会效益与经济效益的协调发展。城市文化作为主体内化于心的强大精神力量，因被城市主体接受和掌握而变成强有力的物质力量，对城市经济、政治和社会的发展产生积极的作用。

(一)城市文化与城市经济的协调发展

充分发挥文化对城市社会发展的能动作用,促进城市文化与城市经济的协调发展。城市文化的发展必须充分考虑到本地区的社会生产力水平和相应的生产关系。城市文化在一定程度上反映了社会生产力和生产关系的发展需要,这也构成了城市文化发展的现实依据,因此要深入推进城市文化产业"供给侧结构性"改革,促进城市文化与城市经济的协调发展。习近平总书记强调"供给侧结构性改革,重点是解放和发展社会生产力,用改革的办法推进结构调整,减少无效和低端供给,扩大有效和中断攻评,增强经济结构对需求变的适应性和灵活性,提高生产要素生产率。"在中国特色社会主义市场经济条件下,城市社会既不存在纯粹的经济活动,不存在纯粹的文化活动。城市文化产品就其大多数而言具有意识形态和商品的双重属性,城市社会的物质消费与文化消费日益融为一体。供给侧结构性改革就在于解放文化生产力,激发城市文化消费潜力,形成城市经济和城市文化发展的相互作用,彼此之间形成发展合力,促进文化和经济之间的协调永续的发展。

现代中国城市文化的发展要顺应"互联网+"的经济发展趋势,加快信息技术为主要标志的高新技术向现实生产力转化,将城市文化因子渗透进城市的经济活动,寻求城市经济发展的新方向,获得了城市经济发展的新形态。信息时代网络技术与多种行业合作发展产生了新的物质和精神需求,推动着城市文化产业内在结构和城市主体文化消费习惯的变化,为城市文化产业发展开拓了新的思路。在网络技术高速普及和发展的新形势下,城市文化的发展须充分借助新技术和新平台,迎合新时代的精神需求和文化消费意愿引入互联网商业模式和互联网思维方式。在决胜全面建成小康社会的历史条件下,我们必须具备前瞻性的战略眼光,深刻认识城市文化在城市社会发展中的能动作用,认真看待和把握城市的文化和经济发展形势,解放和促进城市文化生产力的发展,实现城市文化的经济效益。

(二)城市文化与城市的政治协调发展

充分发挥文化对城市社会发展的能动作用,促进城市文化与政治的协调发展。城市不仅是社会生产力发展和生产关系变革的资本,也是实现政治权利的物质媒介。在现代中国的城市文化发展过程中,既要设防一些西方国家"普世价值"在中国城市社会的输入和渗透,同时也要加强城市主体对我国政治意识的思想认同。城市文化与政治之间存在着密切联系:城市文化反映着政治发展的客观要求,在政治的发展过程中必然要充分发挥城市文化的意识能动作用。

城市文化要为政治的发展提供良好的舆论环境及氛围基础。现代中国城市文化和政治建设的根本原则是党的领导,在中国共产党的正确领导下,充分发挥人民群众的主观能动性。在现代中国城市社会的政治文化建设过程中要充分加强政府的理论导向和新闻媒体的舆论导向,将政治文化思想渗透进主体的社会生活之中,使城市主体坚信只有中国共产党的领导才能夺取新时代中国特色社会主义的伟大胜利、只有中国共产党的领导才能实现中华民族伟大复兴梦。现代中国政治的核心是民主与法治,但崇尚人治和强权的政治传统在一定范围内、一定程度上仍有所存在。所以,在政治的发展过程中要努力加强对城市主体的政治思想和意识的教育,通过城市先进文化的意识引导和价值渗透,培养城市主体的民主意识法律意识等政治意识,提高道德修养、法治水平和政治文化水平。弘扬社会主义民主意识和社会主义法制理念,增强城市主体参与城市文化和政治建设的自觉性和主动性,使其不断推动城市文化引导政治建设由较低层次、较小范围不断向更高层次、更广范围的发展。大力倡导社会主义法治理念的价值取向,激励城市主体投身城市民主和法治的建设实践。

(三)经济效益与社会效益的协调发展

推动城市文化事业和产业的发展,促进经济效益与社会效益的协调发展。城市的经济效益是通过经济收益和统计数据所反映出的城市社会生产、分配、消费文化产品和文化服务中的直接利润回报[1]。城市的社会效益则是通过城市文化产品和服务对城市主体和城市社会所产生的一种潜在的、长期的社会效应。现代中国越来越注重文化事业和文化产业的社会效益。在党的十九大报告中,习近平总书记谈及文化事业和文化产业的发展时指出要加快建设把社会效益放在首位,社会效益与经济效益相统一的文化机制体制;在主持文艺工作座谈会时也强调了要将社会效益放在首位,推进社会效益和经济效益相统一,而"当两个效益、两种价值发生矛盾时,

---

[1] 林宁,李凌. 我国城市体育文化与城市文化的相容性分析[J]. 广州体育学院学报,2017,37(04):48-52.

经济效益要服从社会效益,市场价值要服从社会价值。"

因此,把社会效益放在首位,力求实现社会效益与经济效益的协调发展就构成了现代中国城市文化产业发展的重要原则。在社会主义市场经济的条件下,现代中国的城市文化产业的发展要以其所产生的社会效益为基础通过市场来实现其价值。城市文化产业本身就是文化与经济相结合的历史产物,城市文化产品的生产和消费离不开市场的引导。所以,深入研究城市文化产业的产业特点和社会主义市场经济的发展规律,推进城市文化产业与社会主义市场经济的结合。城市文化事业和城市文化产业的发展不仅要以发挥城市文化的社会效益为基础,满足城市主体的物质文化需要和精神文化需要;同时也要注重城市经济效益的实现,努力寻求城市文化经济效益和社会效益的协调发展。因此,在城市社会的文化建设过程中,要切实处理好二者之间的关系。

二、城市文化对"共建共治共享"的意义

城市文化发展的核心是人,人既是城市文化的创造者,也是城市文化的享受者。城市主体创造着城市文化同时,也受制于城市文化发展的影响。现代中国城市文化的发展要突出人的主体地位和作用,"以人为本"打造"共建共治共享"的城市文化发展格局。城市文化发展要突出城市主体的地位和作用,调动包括了政府、企业、城市居民在内一切可以团结的主体性力量共同参与城市文化的建设;以满足城市主体文化精神的需求为目的,以城市社会的文化自觉建立起城市文化治理体系的基石,提高城市文化治理能力;而城市社会成员共同享受城市文化发展的优秀成果,不仅为了促进人的自由和全面的发展,也是促进城市社会自由和全面的发展。

(一)突出城市文化主体的城市文化"共建"

城市文化"共建"是指城市多元主体共同参与城市社会的文化建设,包括了政府、企业、城市居民等一切可以团结的主体性力量。马克思和恩格斯在继承以往关于人的发展的思想基础上,明确地强调"我们的出发点是从事实际活动的人,而且从他们的现实生活过程中还可以描绘出这一生活过程在意识形态上的反射和反响的发展"。不可否认,人在城市文化发展过程中起着不可替代的主体作用,即城市主体在生产实践中创造和发展了城市文化。这也就是说,人不仅是城市文化的创造主体,也是城市文化的

建设主体。因此,城市文化"共建"的出发点和落脚点是城市的主体——人。

现代中国城市文化的发展必须依靠城市主体的力量实现城市文化的"共建"突出城市主体的地位和作用,调动一切可调动的主体力量共同参与城市文化的建设。这需要政府充分发挥在城市文化建设中的引导作用,建立激发城市主体积极参与城市文化建设的市场机制,搭建公益性城市文化平台,组织开展城市文化宣传活动,大力推广城市社会新的文化载体和新的文化样式。但如果仅仅依靠政府的鼓励政策、法规和定期检查是不足以形成持续有效的城市文化发展机制,缺乏自觉性的发展意识会增加城市文化"共建"的成本。就像恩格斯指出"许多人协作,许多力量结合为一个总的力量。用马克思的话来说就造成'新的力量'这种力量和它的单个力量的总和有本质的差别。"因此,城市文化的"共建"要在充分肯定人在城市文化建设中的主体性作用的基础上,激发各个主体参与文化建设的积极性、主动性和创造性,增强城市主体在文化"共建"中的存在感和参与感这其中社会团体、非政府组织、城市居民的行动更加具有直接性,可以填补政府在城市文化发展实践上的失灵和不足。

(二)满足主体文化需求的城市文化"共治"

城市文化"共治"是指城市主体共同参与城市文化的治理实践。党的十九大报告提出要"加强社会治理制度建设,完善党委领导、政府负责、社会协同、公众参与、法治保障的社会治理体制,提高社会治理社会化、法治化、智能化、专业化水平满足人的精神文化需求。"值得注意的是,"治理"一词在党的十九大报告中被提及44次,足以见得治理在现代中国社会发展中的作用日益凸显。城市文化"共治"以满足城市主体文化精神的需求为目的,聚合党委、政府、社会和公众等城市各主体力量的作用,以城市社会的文化自觉建立起城市文化治理体系的基石,提高城市文化治理能力。

城市文化"共治"为了满足城市社会主体的多元精神文化需要。马克思曾经强调:"由社会全体成员组成的共同联合体来共同地和有计划地利用生产力;把生产发展到能够满足所有人的需要的规模;结束牺牲一些人的利益来满足另一些人的需要的情况。"也就是说,城市文化"共治"要自觉地保障城市主体的基本文化权益,更好地满足最广大城市主体的文化需求。在城市文化"共治"的实践中,自觉地遵循群众观点和群众路线。明确城市文化的"共治"是"为了谁"和"依靠谁"的问题。现代中国城市文化"共治"是为了满足城市主体的精神文化需要，充分考虑城市主体的文化需求和现实愿望，维护城市主体的最广泛最根本的利益诉求，全面保障和实现城市之中最广大人民群众的基本文化权益。要充分借助人作为城市主体的现实力量，在主体中寻求，也要在主体中满足。因此，离开了群众观点、群众路线、无法切实有效地满足城市主体的精神文化需求，城市文化"共治"将无从谈起。

（三）促进自由全面发展的城市文化"共享"

城市文化"共享"是指共同享有城市文化发展的优秀理论和实践成果。"哲学社会科学的现实形态，是古往今来各种知识、观念、理论、方法等融通生成的结果。我们要善于融通古今中外各种资源"。这些成果不囿于现代中国城市文化发展的观念、理论、方法等，还需要关注到古今中外的各种有益于城市发展的文化资源。这其中包括马克思主义资源，中华优秀传统文化的资源和世界所有国家和地区在文化领域的积极成果都是为城市社会成员所共同享有。

城市文化的成果"共享"不仅为了促进人的自由和全面的发展，也是促进城市社会和城市文化自由全面的发展。这也就是马克思在《共产党宣言》中强调的"每一个人的自由发展是一切人的自由发展的条件。"一切人的自由全面发展是以个体的独立性为基础。城市是城市一切人组成的社会，城市社会自由全面的发展要以生活在城市之中的每个个人自由全面的发展为前提。马克思认为，人类开始思考自身的存在价值并寻求自由全面发展，就是在进行人类当前的文化反思与批判。而反思和批判的过程恰恰就创造出了与动物本能劳动相区别的物质文化和精神文化。追求自由全面的发展意识，在享有城市文化发展成果的过程中进行反思和批判。城市文化自由全面的发展与人自由全面的发展相辅相成，相互促进，城市文化代表了最广大人民的根本利益和精神需求，追求人的自由全面就成为城市文化发展的核心和根本目标，这也就是马克思所说的"文化上的每一个进步，都是迈向自由的一步。"所以说，无论城市社会的文化发展处在什么阶段、发展到什么程度，其根本目的都是为了人类自由全面发展。

第二节 城市文化与城市品牌形象的关系

城市文化是人类城市在发展过程中在一定的自然和人文历史条件下形成的,由理念文化、行为文化、产业文化、人文景观文化、自然景观文化五大体系组成的物质和非物质的复合体[①]。每座城市的文化内容不同,同时文化难以被嫁接,使城市文化具有了难以被复制和移植的特性。城市形象是一座城市文化内涵的外在显现,既包括城市客观的社会存在,也包括城市内外部公众对城市的感知形象,具有能够激发城市内外部公众思想情感及行为活动的特征。

城市品牌化的力量就是让人们了解和知道某一区域并将某种形象和联想与这个城市的存在自然联系在一起,让它的精神融入城市的每一座建筑之中,让竞争与生命和这个城市共存。城市品牌形象就是城市的名片,是城市全面发展的重要因素,是城市无形的资产。塑造城市品牌形象可以使城市具有强大的名牌效应,它不仅有助于提高城市的凝聚力、向心力发挥城市的综合功能优势,而且有助于提高城市的竞争力,扩大城市引资和发展的机遇,从而促进城市的全面飞速发展。城市品牌形象作为城市的核心竞争力标志,对城市发展建设意义重大。

一、城市文化是塑造城市品牌形象的创作源泉

随着城市国际化与现代化的发展,越是先进的城市,城市的特征就越不明显。如今,城市品牌形象设计逐渐成为城市间竞争的重要筹码。纵观世界上所有城市的品牌形象设计,能够让人印象深刻的作品通常具有独特性的城市文化特色,所以说,在城市品牌的视觉形象塑造中,凸显城市文化特色,显得越来越重要。

设计一个具有城市文化特色的城市品牌形象视觉设计系统,是城市差异性与独特性的重要的方式。大到城市整体形象推广宣传、小到城市旅游纪念品、城市公园的基础公共设施设计等。就塑造"城市品牌形象"来说,城市文化是体现城市差异性与独特性的最有力的塑造点。

[①]罗纪宁,侯青.城市文化系统结构与城市文化品牌定位[J].城市观察,2015(06):20-28.

不同于一般品牌形象设计,城市品牌形象设计需要得到受众的认同感。城市品牌形象设计直接面对的是当地的民众。所以说,城市品牌形象的视觉设计不能够与受众产生共鸣,这样的设计是失败的。因此,在进行城市品牌形象设计时,更应该注重对城市文化的相应元素进行视觉提取分析与设计,这样才能增强人们对于设计的认同感以及对于城市的亲近感。

如沈阳市城市旅游形象设计标识,整体配色采用正红色与黑色组成,红色是中国传统颜色寓意喜庆与吉祥,黑色具有文墨气息,体现出了厚重的历史文化感。这两种色彩的组合,凸显了沈阳文化旅游具有浓郁的中国传统风味与厚重的历史文化背景。标识主体部分共有三个部分:玫瑰花、祥云、故宫大政殿。设计采用沈阳市市花玫瑰与极具中国传统风味的吉祥图案祥云进行元素重组,图案中心为沈阳的标志性建筑物"故宫大政殿"的建筑剪影。该标识的组成元素具有明显的城市文化特征。通过对玫瑰花的绽放的视觉表现,使沈阳作为"活力之都"的城市定位得以体现。

由案例分析可以看出,沈阳的旅游形象标识的组成元素由城市文化中提炼而来,从色彩的选择以及对标志形象的表现,能够充分体现出沈阳的城市特色,城市文化能够凸显城市特色。对于城市品牌形象设计来说,城市的城市文化的视觉表现的应用,是城市形象设计的重要的设计方法。可以说,城市文化是塑造城市品牌形象的创作源泉。

二、城市品牌形象是城市文化传承的重要方式

当今,很多城市现代化建设的同时,城市自身的城市文化却在逐渐消逝,千篇一律的建设使城市的城市文化也逐渐被淡化。所以说,城市品牌形象,其目的是使得城市走向现代化与国际化的同时,通过视觉形象设计的表现,来对其城市文化进行保护与传承。

城市品牌形象是一座城市的名片,将城市文化融入城市品牌形象设计中,对城市文化的传承与发扬起到了非常重要的作用。城市品牌形象,是展示城市地域文化特点与精髓的有效方式,让城市的城市文化得以传承,保留城市的历史记忆,让更多的人通过视觉的方式,认识和了解城市的历史,使城市的城市文化能够真正融入人们心中,并为人们所接受。增加受众的认知与归属感。

城市品牌形象的目的是区别于其他城市,体现城市自身的独特性。同时,代表着城市走向国际化的必要方式。"民族的就是世界的",创造出具有城市文化特色的城市品牌形象设计,是对历史文脉的体现和文化特色的最有力的展现。可以说,城市品牌形象,对于一座城市地域文化的传承,乃至整个民族博大精深的文化体现,都具有深远的意义。

第三节 城市文化在城市品牌形象视觉设计中的作用

随着城市现代化的快速发展,城市的核心竞争力也逐渐从城市经济建设转移到城市品牌形象视觉设计中来。城市进入品牌竞争的全新时代,这就要求各城市要加快建设和塑造自己的品牌形象,同时城市品牌形象视觉设计也要求各城市要努力挖掘自身独特的品牌价值内涵,避免同质化城市品牌形象视觉设计竞争的出现。不同区域的人类在城市发展过程中形成了不同的物质和非物质文化形式,同时文化具有难以被复制和移植的特性,城市在塑造品牌形象时就可以从文化的视角对城市进行品牌的内涵挖掘和形象塑造。城市文化在城市品牌形象视觉设计中对内具有强大的渗透力和凝聚力,对外具有强大的感召力和辐射力,对经济和社会发展具有强大的推动力和提升作用。因此,打造富有鲜明文化特色和文化内涵的城市品牌形象视觉设计已成为当下新一轮城市竞争的重要战略目标和重大课题。

一、城市文化是城市进行差异化城市品牌定位的根基

城市品牌形象视觉设计就是要为城市树立起鲜明、独特的品牌形象特征,以使城市在市场中能够与其他城市形成鲜明的差异化,避免同质化竞争现象的出现[1]。随着城市化进程的高速发展,城市之间的竞争日益激烈,面对此情况,许多城市开始积极寻找城市品牌化的发展途径,树立城市品牌发展的战略目标,并着手建设自己的城市品牌形象视觉设计。基于此战略目标,一大批所谓的"生态城市""绿色城市""现代化城市"等城市品牌形象视觉设计定位及宣传语出现在各大媒体上,千篇一律的城市品牌定位及宣传用语使人难以区分和辨别城市信息,造成了大量的资源浪费。在探

---
[1] 于宁. 城市品牌定位研究[J]. 市场营销导刊,2007(Z1):49-53.

寻城市品牌化发展的道路上,城市积极努力地在硬件及软件方面投入了大量的资金和精力,虽然有些城市也取得了不小的成绩,但是部分城市却出现了品牌形象不鲜明、品牌定位模糊、雷同的现象,造成了不必要的同质化竞争,严重浪费了城市发展的优势资源,严重阻碍了城市品牌化的发展进程。

城市品牌定位就是要深入挖掘城市自身的独特优势资源,这种独特优势的资源是其他城市所不具备或不突出的,只有这样城市才能在城市品牌化的市场大潮中树立起自身独特的品牌形象。在对城市整体资源进行深入地挖掘和整理过程中发现城市文化具有各自城市独特的内涵和特征。每座城市在特定区域的自然和人文历史条件作用下形成了不同的理念文化、行为文化、产业文化、人文景观文化及自然景观文化。文化的这种异样性使各城市具有了不同的文化内容和形式,而文化这种难以被复制和移植的特性造就了城市独特的文化内涵和底蕴,成为城市最具魅力和个性的价值所在。在进行城市品牌形象视觉设计时可以从城市文化的视角对城市品牌内涵进行深入的挖掘,可以以城市文化进行城市品牌的定位及品牌形象的凝练。这样不仅有助于城市品牌形象视觉设计的独特化,也有助于城市品牌形象视觉设计在市场中实现差异化竞争,避免城市之间同质化竞争恶性现象的出现。同时,城市文化的独特和深刻内涵也会被赋予到城市形象中得到优势宣传和发展,成为城市品牌形象视觉设计独特的文化内涵和精神特质。因此城市文化是城市进行差异化城市品牌定位的根基,面对当下激烈的城市竞争市场,各城市要根据自身城市文化内涵的特质进行城市品牌形象视觉设计。

二、城市文化对城市品牌形象视觉设计具有强大的带动和凝聚作用

当今时代,文化不仅体现着一个民族的精神特质,文化也越来越成为民族凝聚力和创造力的重要源泉、越来越成为综合国力竞争的重要因素。城市文化是 座城市的血脉和灵魂,它不仅传递着城市形象的内在品质,更成为城市发展、振兴的重要支撑,成为城市重要的无形资产。在城市品牌形象视觉设计中挖掘内涵深厚、个性鲜明的城市文化,可以使城市品牌形象视觉设计富于更深厚的文化内涵和文化品位。文化品位高的城市在

市场中具有更强的感染和带动作用,在社会文明建设和经济建设方面都有强大的方向指引和推动作用,有助于提升城市软实力,提高城市核心竞争力,对城市品牌形象视觉设计有着强大的带动作用。

城市文化是衡量城市社会文明程度和人民生活质量水平的显著标志,是城市内在品质的载体,是一座城市的精神内核。科学策略性的城市文化推广和运作必然使城市内外部公众可以对城市文化进行持续性和强大的感知,也必然加深和促进城市内外部公众对城市形象的感受及认同。从城市发展的具体情况来看,城市的文化内涵越独特、越凸显,城市内部公众对城市的归属感、荣誉感和使命感就越强。在强大的城市文化感召力下,城市内部公众对城市文明建设和经济建设等各方面都会有较强的自我提升和改善意识。这种强大的城市建设信心对城市品牌形象视觉设计在意识和物质形态建设方面都能起到很强的凝聚作用。同时,在这种强烈的城市文化感受及感染带动下,城市内部公众会自觉和不自觉地朝着城市文化的精神内核方向产生趋同化发展,使城市内部公众形成和传递出统一的城市形象品质和城市精神特质,有助于城市品牌形象视觉设计活动的聚焦和统一,对城市品牌形象视觉设计发展带来强大的凝聚价值。在城市文化内核的强大凝聚力和感染带动作用下,城市形象高度集中也必然对城市外部公众产生强大的感染力和吸引力,这不仅有助于提高城市外部公众对城市形象的感知和认同,而且有助于提高城市对外部公众的凝聚力,加速和提升城市品牌形象视觉设计在市场中的塑造力。城市文化能够凝聚和提升城市形象,彰显城市独特的品牌形象和个性魅力,强烈的城市文化感染力有助于城市内外部公众对城市品牌形象视觉设计的认识和感知,利于城市品牌形象视觉设计的发展,对城市品牌形象视觉设计具有强大的推动力。

三、城市文化有助于传播和提升城市品牌形象视觉设计

在城市发展的过程中,不同历史时期、不同地域的人们创造了不同的城市文化。文化的差异性促使每座城市都有着自己独特的形象和内涵,城市也只有挖掘出自身独特文化内涵和精神气质才有可能成为最具魅力的城市,也才更容易在市场中进行有效传播和推广。新时代,对一个城市的评价已不仅局限在人口、经济等传统指标上,内涵独特的城市文化也变得越来越重要,成为城市魅力感知的重要内容和衡量标准。一座具有深厚文

化内涵及个性魅力的城市一定具有强大的吸引力,成为城市提升自身知名度和美誉度的重要因素,也更容易产生名牌效应,扩大城市品牌形象视觉设计的传播度。城市品牌形象视觉设计也只有与城市文化进行深度融合和发展,才能展示和传递城市品牌形象视觉设计的内涵和价值,才能吸引和提升城市内外部公众对城市的关注,才能改善和提高内外部公众对城市的评价值,才能使城市释放出光芒四射的个性化魅力。

挖掘城市文化,打造城市文化魅力已经成为提升城市形象的关键,更是传播和提升城市品牌形象视觉设计的核心要素。在城市品牌形象视觉设计具体建设中,也只有深入挖掘城市文化,提炼内涵深刻、个性鲜明的城市文化理念,才能塑造和培育出独具魅力特色的城市品牌形象视觉设计。当下城市也只有挖掘出文化的个性魅力,才能在城市品牌形象视觉设计大潮中为自己树立起独特的城市品牌旗帜,也只有这样,才能在市场中提升城市自身的影响力和受关注的程度,扩大城市品牌形象视觉设计的传播力度,从而提升城市品牌形象视觉设计。

城市文化在城市品牌形象视觉设计中具有不可估量的作用,当今时代城市不仅以品牌建设论输赢,更以品牌形象定未来,成为地区发展和民族振兴的强大力量。每座城市都有着自己独特的文化底蕴,文化这种独具个性的差异化特征是城市进行准确城市品牌形象视觉设计定位的根基。内涵独特的城市文化是城市建设的无形资产,对内具有强大的渗透力和凝聚力,对外具有强大的感召力和辐射力,对城市品牌形象视觉设计具有强大的带动和凝聚作用。因此,挖掘富有鲜明特色、内涵深厚的城市文化已成为城市品牌形象视觉设计的首要问题。凝练个性鲜活的城市文化不仅可以扩大和提高城市的影响力和凝聚力,提升城市品牌形象视觉设计的内涵和品味,还可以彰显城市独特的形象魅力形成名牌效应,有助于城市品牌形象视觉设计的传播和提升。

第六章 视觉符号与城市品牌形象设计

在经济和文化迅速发展的今天,信息成为比物质和能源更为重要的资源,以开发和利用信息资源为目的的信息经济活动,逐渐取代工业生产活动而成为国民经济活动的主要内容。因此,信息传播方式的多样化和有效性,是社会了持续发展的客观要求,影响着人们的生活方式、行为方式和价值观念,有力地推动了经济社会发展。城市形象是社会发展历史的时代标志,体现了当时的政治、经济和文化特征。回归到美国著名的城市规划权威凯文·林齐曾提出的这个问题,即任何人都知道什么是一座好城市,但是,唯一严肃的问题是,如何才能造就一座好城市。城市视觉符号作为城市信息的载体,是塑造城市品牌形象的符号动力,那么这种符号文化对城市的发展一定会起到非常重要的作用。

第一节 城市视觉符号的概念与特征

一、城市视觉符号的概念

《现代设计辞典》对视觉符号(Visual Sign)的解释为:"它是使抽象信息的传播得以实现的可被视觉所感知的符号。视觉符号是符号中的一种,具有符号的一切共性。它的主要特点是:具有确切的、与欲传播的信息完全相同的内容;具有诉之于视觉的形式。它是视觉传播的主要手段。属于视觉符号的有:照片、图表、图形、图像、箭头、文字与图形文字等[1]"。广义上的城市视觉符号应该囊括了城市所有的二维和三维物象符号,包括城市标志、城市导识、城市色彩、城市空间环境等。狭义上的城市视觉符号是视觉传达意义上的城市视觉符号,包括城市标志、城市象征物。城市视觉符号是城市视觉识别系统的核心,通过符号化的文字、图形、色彩等视觉元

---

[1]张宪荣. 现代设计辞典[M]. 北京:北京理工大学出版社,1998:249.

素,将复杂的城市信息简约地、理性地、条理地、有序地传达出来,从而提高城市形象识别能力,使其能够在信息社会中迅速发展,增强竞争力。

城市品牌形象是城市品牌的视觉化、可视化与可体验。城市品牌形象是一座城市内在综合实力、外显表象活力和未来发展前景在公众心目中形成的对城市的具体感知、总体印象和综合评价。

城市品牌形象是城市精神系统、行为系统、视觉系统和空间环境系统等的有机统一体,是在调研基础上,综合城市历史及现状进行客观定位,以长远的目光来发展和建设城市。

阿尔多斯·赫荷黎(Aldous Huxley)在其著作《观看的艺术》中提出,感觉+选择+理解=观看。他认为,能够看清楚的通常是能够想清楚的结果,并强调了"看"到"看到"的过程。在城市品牌形象塑造中,城市视觉符号所表达的不仅是在表面上所描绘的各种视觉符号,而且包括隐藏在视觉符号背后的意义。

(一) 城市标志与城市视觉符号

象征物是表示某种抽象概念、特殊意义和思想感情的实体符号。风俗习惯中的许多行为方式都具有一定的象征意义,象征物也是一种社会规范和角色的外部标记。其形式通常有语言符号、仪式动作、建筑形式、服饰、特定的动植物和自然现象、手工制品等。各民族或团体选择哪些事物作为象征,与其文化背景有关。

城市象征物是城市中非物质化的精神与理念,依附在某种物质形式上,或者借助于物质形式传达给人以心理的暗示。

城市象征物一方面能够弥补城市标志对城市形象塑造的不足,更加丰富城市视觉符号的内涵,另一方面,城市象征物的典型形象可以物化直接进入城市标志,组成城市标志系列。

(二) 视觉化的城市

21世纪被称为信息时代,人们更愿意以视觉的形式接收信息,所以,又被称为读图时代,实质上就是符号时代。无论是在产品设计上,还是在城市建设上,信息的可视化、图标化都已成为不可逆转的发展趋势。信息的视觉化是指,以图像符号为构成元素,以视知觉可以感知的形式为外在表现形态,把非视觉性的东西图像化,人们可以通过符号化的形态、色彩等视觉元素轻松快捷地获取信息。同样,城市形象是视觉可以感知的,依据视觉传达设计原理,通过符号化的图形、色彩等,将城市的信息转化成视觉形式,城市形象的视觉化,正是通过城市视觉识别符号系统实现的,是从美学的价值上形成的社会象征意义。城市视觉符号承载着城市的文化内核,以象征性的视觉语言和特定的视觉形态,将城市的信息快速、准确地传播给社会公众,社会公众也是通过城市视觉形象符号来识别城市的。城市视觉符号运用其独特的视觉语言形式,能够跨越文字语言和地域的局限,瞬间引起注意,完成形象识别并产生深刻的记忆。城市视觉符号一旦得到了人们的认同,它所表现出的信息传播功效远远超越了文字语言的功效。

视觉化城市就是将城市的本体文化、精神内涵等诸多信息转换成可视的视觉识别符号系统,以解决人们的方向迷失问题、规范人们的行为。城市形象的塑造依赖于城市视觉识别符号系统,城市形象的识别也依靠视觉识别符号系统。视觉化城市已成为信息化时代现代化城市发展的必然趋势。城市视觉识别符号系统作为城市信息的载体,也是视觉化城市发展的必然产物,城市视觉识别符号系统,不仅构成了城市的视觉形象,也构成了城市视觉识别的语言基础。

二、城市视觉符号的特征

城市视觉符号能否全面地、准确地概括城市形象,能否代表城市形象进行推广,是否具备长期性、规划性,是否获得城市居民的普遍认同感、亲切感,都值得我们进一步研究和商榷。

借鉴众多国内外城市优秀的视觉符号设计,结合艺术设计的相关理论和城市规划与建设经验,城市视觉符号的设计应该具有以下特征。

(一)易识别性

易识别性是城市视觉符号设计的最基本的特征。识别性是易辨性和易明性的总和,识别性要求事物的独特性。城市视觉符号正是运用简约、清晰、准确而生动的图形语言,传达复杂的城市信息,让人容易理解、乐于接受,这样视觉传达效果才能发挥"形象竞争"的强烈冲击力。对城市视觉符号来讲,识别性增强了其存在的价值。

目前,大多数城市都是缺乏特色的,给人"似曾相识"的笼统印象,具有个性特色的城市似乎不多。这是一个靠形象赢得机会的时代,与企业形象识别相同,城市视觉符号的最突出的特征就是识别性。好的设计使人识别事物,同时表现其个性,不仅是现在,甚至未来的个性也需要表现。城市视觉符号特点鲜明,并且容易辨认、记忆含义深刻和造型优美,能凸显城市个性,区别于其他城市,使公众对城市留下深刻印象。塑造城市视觉符号的目的,就是为复杂的城市形象提供一种经过升华凝练的印象符号,使公众透过视觉形象符号,把握城市的本质特征,把某座城市与其他城市区别开来。

(二)差异性

差异指事物之间相互区别(外在差异)和自身区别(内在差异)。城市视觉符号的差异性,主要指外在差异,是指存在于城市彼此之间的不同点,表明世界上没有绝对相同的事物,任何城市都各有自己的特点,即与其他城市的视觉符号有鲜明的差异。任何城市形象中,都蕴藏着城市过去的历史遗迹、城市现在的文化特质和城市未来的战略规划,城市视觉符号使人能够感知城市形象鲜明的个性,具有明显的差异性。城市本身就存在差异,而城市的差异是通过视觉差异体现的。

斯宾格勒说过:"将一个城市和一座乡村区别开来的不是它的范围和尺度,而是它与生俱来的城市精神和独具匠心的城市个性。[1]"在当今社会,一个有个性、有精神的城市才是最具发展潜力的城市。随着城市现代化建设速度的加快和城市之间的频繁交流,当今城市形象的同质化现象更加明显,只有挖掘"不同"的内涵、塑造"不同"的形象,才能以个性化的特色更清楚地凸显自己。例如巴黎是时装之都,维也纳是音乐之城,威尼斯是水上乐园。

城市视觉符号是城市自身各种特征在某一方面的聚焦和凸显。这种特征通常是透过文化这个深度层面折射出来的,它可以是历史遗留、自然所有、社会需求等多种因素积淀的结果,也可以是经济的、政治的或民族的。依据城市存在的差异基因,坚持城市视觉符号的差异化特性,创造城市视觉符号的差异性特色,才能吸引市民的关注,并使人们产生与城市形象的共鸣。因此,我们只有对城市形象进行准确的定位,才能获得特色鲜明、独一无二、个性化的城市视觉符号,才能更好地使城市之间相互区别,

---

[1] (德)奥斯瓦尔德,斯宾格勒. 西方的没落[M]. 北京:群言出版社,2014:67-68.

独立于世界城市之林。

(三) 对应性

对应是指事物之间的彼此对照和呼应的关系,又称呼应。城市视觉符号的对应性是指,城市视觉符号与城市精神、内涵、文化等的"一致性"和"呼应性",也是城市视觉符号的形式和意义的完美结合。

城市视觉符号的设计不是几个设计人员在闭门造车、自我陶醉搞创作,而是要植根于城市的地域文化,与城市的政治经济、民族历史文化、地域环境等特点相对应,塑造具有该城市特色的城市视觉符号。从人的心理需求出发,考虑人在环境空间里的视觉感受,符合人们的时空感和审美感。关注人们对美的本能渴望,在设计过程中与形式美法则相对应。

从城市的文化特征、精神内涵、本体特征出发,在充分进行市场调查研究的基础上,设计出与城市核心理念相对应、同城市定位相一致的视觉形象符号,从而使其既能与城市的文化特征、精神氛围相对应,又能与城市的市民心理需求相对应。

(四) 象征性

象征性是城市视觉符号设计的主要表达手段。象征是指对某一复杂的事物或抽象的思想与概念等,用某与之相关联的物象或词汇来代表它的意义。

城市视觉符号的象征性侧重以象征手法通过具象或抽象的图形来传达城市的理念内涵。孔子云"圣人立象以尽意",是较早谈及意象的言论。阿恩海姆在《视觉思维》中谈道:"在任何一个领域,真正的创造性思维活动都是通过意象进行的。"城市视觉符号的设计,某种程度上说,是寻找意象的过程,意象的形成过程就是通过理念与形象的结合,把感知的东西变成视觉语言,即一种"立象以尽意"的过程。

城市视觉符号是城市中那些非物质化的精神与理念,通常依附在符号的形式上,或者借助于符号形式,给人以心理的暗示,这就是城市视觉符号的象征性。城市视觉符号是城市独特、鲜明的标志性象征物。从某种意义上来说,它就是城市的一张名片,它传递和演绎着城市所特有的灵魂和形象,逐渐成为一座城市的代表,成为一座城市不可泯灭的象征。

三、城市视觉符号的相关学科原理

城市视觉符号不仅是一种视觉语言,而且是一种有意味的形式。它最终的目的就是迅速准确地传达城市的信息,为城市建立良好的视觉形象。由于城市视觉符号主要传播视觉信息,因此,就必须要考虑到信息传达的有效性、准确性,同时,要易于受众认知和记忆。若要城市视觉符号具有强烈的视觉冲击力,就必须可辨性高、信息完整,并能够使公众产生美好的联想。目前,城市视觉符号的设计和视觉心理、语言符号、艺术造型等多个学科交叉。因此,从视觉传达设计的角度,探讨城市视觉符号设计的相关学科原理,对于城市视觉符号系统提供一种设计方法和设计思维。

(一)格式塔原理

从视觉心理学的角度来看,城市视觉符号就是让人们通过视觉感官在大脑中形成的关于城市的整体印象,简而言之,就是对城市的一种知觉,即城市形象的再现。那么,对知觉进行的一整套的心理研究并由此产生的理论就是格式塔心理学,也被称为完型心理学。格式塔心理学产生于20世纪初的德国,"格式塔"是德语"Gestalt"的译音,表示一种经由知觉组织建构的"形",或称"经验中的整体"。格式塔这个词最初由奥地利哲学家埃伦费尔斯(C.V.Ehrenfels)在1890年提出:"其有两个本质特征:一是指它虽然由各种要素或部分组成,但并非所有成分的简单相加,而是一个独立于这些成分的全新的整体,大于各部分之和;二是指它具有不变的质量,即'格式塔质',即使构成它的各种成分均改变,它也依然存在,仍能为知觉意识辨认出来。[1]"

从以上对格式塔含义的描述中可以看出,所谓"形",乃是经验中的一种组织或结构,而且与视知觉密不可分。格式塔心理学的代表人物之一的美籍德裔心理学家库尔特·考夫卡(Kurt Koffka)认为:"每一个人,包括儿童和未开化的人,都是依照组织律经验到有意义的知觉场的。"从中不难看出,格式塔心理学对人的知觉作了详尽的研究。如果说,眼睛是心灵的窗口,那么,心理学与设计就必然存在某种联系。我们对某些图形的认知及视觉理解,与人的心理有着非常密切的关系,而对心理学某些原则的了解,则有助于我们对设计的整体把握。

---

[1]张书琛. 现代西方一般价值论的兴起和发展[J]. 学术研究,1999(03):38-44.

1.图底(Figure-Ground)原则

图底原则是格式塔原理中最基本的原则,即在人的知觉系统中,最基本的一种知觉能力,是在图形与背景之间做出区分。究竟如何将图从底中分离出来,一方面,取决于设计者根据自己的意图运用平衡原理对形的铺排;另一方面,取决于观看者的知觉判断能力。"观看者的判断,主要根据某些形的突出程度,但突出程度又是通过加强某些形的色彩和轮廓线的清晰度和新颖度,内部质地的细密度,以及对其大小、粗细等的适当掌握决定的。[①]"就像我们比较熟悉的埃德加·鲁宾在1921年用自己创造的实验心理学图形《鲁宾之杯》形象地揭示了图底关系的视知觉现象。同时,他在研究的基础上还总结出了许多图底关系的规律:"封闭的面更易被看作'图',而它之外的部分已被看作'底';有清楚形状与轮廓的部分易被看作'图',而没有形状、轮廓的部分易被看作'底'等。"

当然,很多情况下图底所形成的独立的知觉整体,两者都含有信息并能够产生视觉刺激,它们会随着人的视觉焦点改变而相互转换。因此,城市视觉符号能够以最简约的视觉形式传递出最丰富的信息,并增添了趣味性。

2.闭合(Closure)原则

闭合原则是完型心理学的核心概念,指人可以把不连贯或有缺口的图形尽可能在心理上使之趋向一个整体。这种现象说明人的心理有着一种推论的倾向,在某些情况下知觉有着使轮廓线弥合而形成完整的图形知觉的趋势。将有间隙的图形组合得更加紧密或单个图形单元更加完整的倾向。

城市视觉符号的视觉形式比较简洁,所以运用的视觉图形要能够引起观者的思考或互动。依据闭合原则能引发观者的好奇心和观者产生互动,利用视觉心理使观者自己把图形补充完整,这样就能吸引观者的注意力,也使城市视觉符号的形式更加丰富,使观者在观看的同时留下深刻印象。

3.简洁(Simplicity)原则

简洁原则是指:"人们通常根据由过去的经验所形成的预期,有意识地简化他们感知的东西。"格式塔心理学对视知觉的研究成果表明:"人们在感知不完整、不规则的图形时,总是想竭力改变这些图形,使之成为完美简洁的图形,对获得信息总是按照心理追求简单化的原则进行加工处

[①] 李晓晔.网页设计中的格式塔心理学[J].传媒观察,2011(08):45-47.D

理。①"这一心理追求简单化的原则要求我们呈现给人们事物时,并非都要把事物整体形象表现出来。

格式塔心理学家认为,眼睛只能接受少数几个不相关联的整体单位,如果一个格式塔中包括太多不相关的单位,眼睛就会试图将其简化,把各个单位加以组合,使之成为一个知觉上易于处理的整体。否则,整体形象将无法被正确感知,这种形象势必会被人们忽视,以致拒绝接受。城市视觉符号设计中应该注意应用简明规则,让观者自己将不完整的图形通过心理感知使图形连接,使城市视觉符号给予观者更多的想象空间。

4. 解构(deconstruction)原则

解构是指对图形分解重构,是将某些完整的图形进行分割,或将其分割后的独立元素重新组合,进而创造出更为新颖的视觉形式。解构是格式塔原理应用于城市视觉符号设计的又一个方面,打破常规依据人的"完型"心理进行反向设计。依据解构原则,城市视觉符号在设计过程中,应强调元素的综合协调,并利用形式美法则创造出内容更加丰富、形式更加多样的视觉图形。

格式塔心理学视知觉理论明确地提出:眼和脑的作用是一个不断组织、简化、统一的过程,正是通过这一过程,才产生出易于理解、协调的整体。特别是在城市视觉符号的设计中,视觉图形应尽可能紧凑、简洁、完整,并能够把城市形象完整地展现于公众面前。城市的信息能否被公众接受,这和城市视觉符号的设计能否同人的视觉心理信息接收能力相吻合。因此,基于格式塔原理的视角下,并在了解人的视觉感觉与知觉特点的基础上,才能设计出更加优秀的城市视觉符号。

(二)符号学原理

德国著名哲学家恩斯特·卡西尔在他生前发表的最后一部著作《人论》中提出关于人的定义:"人与其说是'理性的动物',不如说是'符号的动物',亦即能利用符号去创造文化的动物。"这一著名观点,阐述了人与动物的区别是人能创造符号,并揭示了符号化思维与符号化行为,是人类生活中最具有代表性的特征。事实正如恩斯特·卡西尔所言,我们生活在一个充满着符号的世界。

---

①江昼,王娜娜. 格式塔视知觉理论与城市雕塑环境空间的设计原则[J]. 华中建筑,2007(05):6-7.

1.符号的"双层"结构

符号学的概念是瑞士语言学家索绪尔在1894年时提出的,虽然他是从语言学的角度来研究"符号"的,但是,今天对视觉符号的研究同样具有实际的指导意义。依据索绪尔的学说,"符号是由能指和所指构成的统一体。也就是说,符号的二元关系能指和所指结合构成了符号",说明符号具有"双层"结构的特征,城市视觉符号也是如此。

符号具有符号形式和符号内容两种基本属性,符号的能指是通过符号形式表达出来的,符号的所指是通过符号语义表达出来的。符号的能指与所指构成了符号的底层与上层的"双层"结构,符号的"双层"结构每个部分都有自身的组合规则。符号的底层结构是城市符号的物质基础(即符号的"形"),底层结构的符号形式是上层结构赖以依存的媒介。视觉符号的形式就像文字语言符号中的字母和笔画一样,都是为符号语义准备的物质基础,而符号的上层结构则是由物质基础所构成的符号形式所承载的精神内涵,即符号的意义。

2.符号的"形"与"义"关系

通过对城市视觉符号"双层"结构的分析,我们清楚地知道,城市视觉符号设计中的"形"与"义"不是孤立存在的,而是相互依存、密不可分的。"形"必须能够承载"义",它才能称之为符号,"义"必须依附于"形",否则,无法传达,即"形"可生"义","义"可塑"形"。阿恩海姆有关"所有的形状都应该是有内容的形式"论述,就精辟地反映了城市视觉符号形式与符号语义二者之间的关系。

在城市视觉符号设计中,城市视觉符号的外在形式是语义附着的有力载体,而语义的准确传达又通过图形和谐的组合才能得以实现。城市视觉符号的底层基础元素通过组合构成符号的物质形式,而符号形式因为城市的特性生成了具有特殊信息内涵的符号语义。根据尹定邦先生的观点,一方面"用图形去吸引意义",另一方面"由意义去创造图形"。这就是说,在完成城市符号形式的同时,也建构了符号的语义和符号本身。从某种程度上讲,设计的过程就是符号化的过程,就是赋义赋值的过程。通过符号化过程,也使得符号的形式与语义、符号的能指和所指、符号的底层和上层结构有机结合为一个不可分割的整体。

人类对城市视觉符号语义的解读,首先取决于视觉的感知,然后通过大脑的分析与想象、辅以一定的文化知识、审美经验得以认知,从而实现城市符号与受众之间的视觉沟通互动,城市符号的意义也旨在于此。城市视觉符号作为一种视觉语言,与文字语言有着共通性,是人类社会文化与思想沟通与互动的有效传播媒介。从视觉传达的角度上来讲,城市视觉符号以其独特的、准确的、简约的方式,将城市复杂的多元信息,清晰有序地传达出来。人类是通过视觉感官接受城市符号所承载的文化与内涵信息,同时,也是依据符号学原理进行语义的解读。

第二节 视觉符号与城市品牌形象的关系

对于一座城市来说,视觉符号是城市的一张名片,是城市营销的手段,是市场竞争的原动力,有时候甚至可以改变一座城市的命运,带动城市经济的飞速发展,有效提高城市的生活质量和水平,甚至对城市形象也产生了深远的影响。视觉、声音、颜色、形象等各种各样的符号,成就了众多伟大的城市品牌形象。城市不仅表达着生活,也表达着秩序、观念和文化。所谓"城市视觉秩序"是通过对城市视觉符号、建筑景观、户外广告等各个视觉元素的统筹和总体把握而形成的视觉结构,表现为城市外在视觉的有序性。视觉是城市居民的一种权利。

今天的视觉符号不单是一种广告载体,它还发展成为一座城市视觉形象中重要的亮点,是一座城市商业文明重要的组成元素,更是流露和体现了城市人众的审美品质。中国城市快速发展,在创造了无数奇迹的同时,城市同化现象也尤为严重,城市建设过程中,大量无序、低质量的视觉符号,剥夺了人们享有视觉的权利,造成城市信息的无效传播,视觉污染时颗存在于我们生活的环境中。许多原有的城市个性和符号,完全被无关的元素所取代,从而丧失了自我特性,使得城市变得不伦不类、缺乏个性。国内众多城市品牌的建立,应该在保护城市文化内涵和特征的基础上,构建合理的视觉秩序,建立具有城市个性的视觉符号品牌。国家形象是国家最重要的无形资产,国家品牌战略就是要为国家塑造独特个性,并使此个性魅力深入人心。国家形象塑造的最终目标是捍卫国家独立、主权和民族尊严,促进国家关系的和谐与融合,促进国家的发展和强大。通过特定文化主题的展示和富有个性化的艺术装饰而塑造出来的"视觉符号",必然会感化人们的心灵世界,影响人们的文化观点、态度甚至民族感情。

2010年世博会为上海带来了重大发展机遇,世博会会徽图案也深入人心。众多中国传统元素的巧妙组合,表现出强烈的中西合璧、多元文化和谐融合的意境,表达了中国人民举办一届属于世界的、多元文化融合的博览盛会的强烈愿望。在会徽的图案中,你、我和他手拉着手,象征着人类的大家庭。由此可见,视觉符号对城市形象的塑造和提升,有着深远的影响力和渗透力。

一、视觉符号改变城市面貌

优秀的视觉符号能够反映一个城市的概貌,更是带动城市发展的主要因素,"北京故宫""上海东方明珠""哈尔滨冰雪世界""新加坡鱼尾狮"等这些符号,在人们心中已成为各个城市最受瞩目的标志,它们代表着不同的文化和生活观念,传达着厚重的历史信息和时尚脉动,让各自的城市品牌活力无限。

中国香港素来被中外游客称作"购物天堂",在香港购物无论是货品种类、价格还是服务,都是世界知名的。香港在近年重新审视自己在亚洲的地位和角色的基础上,隆重推出"亚洲国际都会"的品牌形象。在推行城市营销时,吸纳了世界众多一流的机构合作工作,保证了项目参与者的高水平,项目运作的科学性、专业性,为最终的成功提供了保障。

二、品牌唤醒城市活力

品牌可以唤醒一个城市的活力,面貌更新了,城市自然就"活"了起来,人们也会变得更加从容自信,进而增强城市的凝聚力。这些优秀的、高质量的、世界性品牌的建立,意味着享有全球声誉和稳定的拥护者,为城市的长远发展注入了新的活力和生机。因此,在竞争日益激烈的今天,城市只有有效地运用自己的视觉符号语言,向世界展示高质量的城市品牌,才有可能创造出完美的城市形象,才会让城市拥有持久的生命力。

三、生态符号增添城市魅力

当今世界,城市扩展通常以牺牲自然环境为代价。随着生态环境日益受到关注,城市生态面临着"保护与发展"的问题。城市是众多符号的载体,保护生态环境是每个国家、每座城市的责任和义务,这也是构筑城市品牌战略的具体行动。

人类所创造的古老文化与地球上的风景名胜以及各类遗址古迹,这些生态符号美化了大自然的生态景色。创造绿色、低碳的生态环境,是每个人的责任和义务,绿色环保的城市生态符号不仅增添了城市魅力,也提升了城市品位。[1]

第三节 视觉符号在城市品牌形象设计中的应用

一、从不同文化背景下看城市品牌中的视觉符号

(一)国内城市品牌的视觉符号现状

没有视觉符号的城市,等于是一座没有生命的孤城。视觉符号让城市体验了生命的诞生。目前,国内许多城市逐渐开始意识到城市品牌的重要性,以及视觉符号的影响力。全国有上百座城市正以视觉符号为突破口,着手进行城市品牌形象塑造,使得城市品牌的创建工作开展得有声有色,并在符号的理论与实践方面都取得了很大的成绩。举例来说,湖南汨罗的城市标识以龙舟为主体提炼出自己的视觉符号语言,它预示着汨罗作为一座新兴的城市,承载着悠久而沉重的历史文化,不断奋进,勇往直前,整个标志从图案到字体,都体现了一种古朴的风格,彰显了城市的个性。

(二)西方城市品牌的视觉符号现状分析

欧美发达国家对城市视觉符号的研究十分关注,并且巧妙地用它来塑造自己的品牌城市。波德莱尔曾将巴黎形容为"一座热闹非凡,充满梦想的城市"。大巴黎是法国的城市建设规划方案,就是通过扩建、美化、整形,将巴黎改造成"后京都议定书时代全球最绿色和设计最大胆的城市"。在80岁高龄的法国摄影家Jean-Claude Gautrand的心中,巴黎是一座他"从

---

[1] 王晓丹. 符号化的城市印象——探究"视觉符号"与城市品牌形象的关系[J]. 艺术与设计(理论),2012,2(10):39-41.

未离开"的城市。他的摄影集《巴黎,一座城市的肖像》中,承载着他对这座城市的深深迷恋,呈现的是一段关于巴黎的美妙视觉符号之旅。

二、视觉符号对城市品牌形象设计的影响和意义

对于一座城市来说,视觉符号是城市的一张脸,是城市营销的工具,是城市文化的载体,是市场竞争的杀手锏,是城市发展的催化剂,是振兴城市经济的原动力。它可以改变一座城市,带动城市经济的飞速发展,有效地提高城市质量水平、品牌效应,甚至对国家形象也产生了深远的影响。正是通过这些视觉、声音、颜色、人物形象等各种各样的符号,和城市居民在精神层面上的沟通,成就了伟大的品牌城市。它可以改变世界,改变时代,改变城市,改变你我。

(一)视觉符号捍卫城市秩序乃至国家形象

1.城市秩序

城市不仅表达着生活,也表达着秩序、观念和历史[①]。所谓"城市视觉秩序"是对城市内在结构和特征的有规则外化,是通过对城市视觉符号、建筑景观、户外广告等各个城市视觉元素的统筹和总体把控而形成的视觉结构,表现为城市外在视觉呈现的有序性。这些元素间的比例关系、视觉秩序、质量等是判断一个城市品质优劣的核心。在这种关系中,任何一个元素的快速扩张和发展,都将直接影响整体城市空间的视觉关系,就像人口膨胀会压迫城市空间,使人们的生活空间质量下降效果一样。

视觉是城市居民的一种权利。今天的视觉符号不单是一种广告形式载体,它还发展成为一座城市视觉秩序中重要的亮点,是一座城市商业文明非常重要的组成元素,更是体现了城市大众的审美品质。中国城市快速发展,在创造了无数奇迹的同时,城市同质化现象尤为严重,城市建设过程中,大量无序、低质量的视觉符号,剥夺了人们享有视觉的权利,造成城市信息的无效传播,城市空间的视觉污染和人们视觉生活的品质低下。许多原有的城市个性和符号,完全被完全无关的元素符号所取代,从而丧失了自我。只有共同承担起构建城市视觉秩序和优化城市视觉节奏的责任,让视觉符号和谐共处,城市品牌才会在新一轮城市竞争中披荆斩棘。

---

① 董慧,李家丽. 城市、空间与生态:福柯空间批判的启示与意义[J]. 世界哲学,2018(05):29-37.

2.国家形象

国家形象是国家最重要的无形资产,是国家最为宝贵的精神资源。从城市战略上升到国家战略,从城市理念上升到从国家理念,到国家行为,再到国家视觉符号系统。通过信息化的各种形式向国际国内传播,全球公众从特色化、整合化、标准化的传播中,获得该国国家形象的印象,由此而推动了国家品牌的特色化整合,即建立个性化之国格。

国家品牌战略就是要为国家塑造独特个性,并使此个性之魅力深入人心。国家形象塑造的最终目标是捍卫国家独立、主权和民族尊严,促进国家关系的和谐与融合,促进国家的发展和强大。通过特定文化主题的展示和富有个性化的艺术装饰而塑造出来的"视觉符号",必然会深入人们的心灵世界,影响人们的文化观点、文化态度甚至民族感情。

(二)视觉符号推进城市品牌与文化的发展

21世纪进入品牌竞争时代。城市品牌化成熟的重要标志包括:有组织、有定位、有规划与管理、顾客满意。在信息文明为主要特征的知识经济社会,财富价值的高低、商品价值的高低、品牌价值的高低,不再取决于原料的成本,而取决于它的符号价值以及包含在符号价值后面的知识价值的高低。所以,今天我们一定要充分认识到文化和品牌已经成为城市配置资源的核心,而视觉符号又成为主要的推动力量。

当你去嫁接和发挥人类自文化资源,寻找强有力的传播符号,获得和受众沟通、分享的超级载体之后,品牌就有了一个灵魂,当品牌符号成为全世界熟知的符号之后,品牌就已经达到了最高境界。如同法国巴黎所创造的香奈儿一样,成为全世界都熟知并认可的时尚文化。

三、城市视觉符号变更的风格趋势

在信息时代的今天,以往视觉符号中惯用的纯粹法则被打破,固有的符号现象被解构,设计观念也发生了颠覆性的变化。风格的多样性、高度的国际化以及人性化,都是视觉符号未来发展的趋势。

(一)多样化

多样化是指视觉符号的形式风格、媒体载体、主题和视觉表达的多样化。随着城市科技的不断进步、数字城市技术的普及、生活方式日益多样化、人们品牌意识的提高以及对符号个性化的追求,使得视觉符号的设计构成形式、表现风格更加多样化。

视觉符号没有固定模式、限制和束缚,条条框框只会使设计处于松弛状态,只要有创意、有吸引力,就会被大众认同和接受。

(二)国际化

世界经济文化一体化发展,视觉符号的设计趋向整合。但这绝不代表着高度功能化、标准化、合理化,遵循相同的模式、单调、缺乏个性的设计是形而上学的形式主义。国际化的视觉符号一般含有丰富的个性,各民族本土文化应成为国际文化的有机组成部分。国际化的视觉符号设计必然是个性与共性的统一,世界性与民族性的统一,全球化与地域化的统一。

(三)人性化

在以人为本的时代,符号更倾向于人情味和亲和力。城市视觉符号未来的要求不仅是功能方面的完善,而且要对其加以修饰。从美学、心理学和认知水平等其他方面出发进行视觉设计,才能满足大众,被大多数人所接受。人性化的视觉符号可以加强城市与居民的情感联系,有利于培养和维系忠诚的受众群。

2011年,莫斯科在著名设计网站上展示的非官方城市形象标志:莫斯科的微笑。这个标志希望让人们转变了对这座城市古板、严肃的固有思维联想,让人们知道,其实莫斯科也并不经常是一本正经的,或许微笑才是这个城市的最好形象。这个视觉符号的设计,既增强了城市亲和力,又带给人极强的视觉冲击力。

第七章 城市品牌塑造与视觉形象设计的规划策略与路径

第一节 城市视觉形象的现状分析

一、城市视觉形象的概述与发展

(一)城市视觉形象的概述

"形象"是指能引起人思想或感情活动的艺术形态,顾名思义,"城市视觉形象"就是人对城市中可视的、可感知的、完整且具有感染力的视觉形态所产生的感受[1]。

城市的标志建筑、标识符号、城市色彩等都属于城市形象,是城市识别中视觉方面的元素。国家与国家、城市与城市之间都存在着独树一帜的城市视觉风格,以美国城市为例:夏威夷作为著名的旅游城市,有着阳光、沙滩、海浪,整个城市给人一种色彩明朗的感觉;被誉为"城市之光"的纽约是美国的金融中心,仰望帝国大厦、观赏曼哈顿大桥,街道上高楼耸立,现代感与科技感充斥着整个城市;拉斯维加斯则霓虹闪耀,纸醉金迷,欲望充斥着整个城市。城市形象的发展不是一成不变的概念,任何事物都有其特定的起源和成长过程,城市形象也不例外。根据时代背景分为:工业革命时期的萌芽期、20世纪40年代后经济复苏时的成长期以及新产业发展的成熟期。

自CI理论被延伸至城市品牌后,城市视觉形象就是城市视觉识别的体现,在对城市视觉形象进行要素整理时,可参考企业视觉形象识别系统,再将其要素进行整理。例如海德公园在设计上充分利用了人视觉范围的可视高度,以及生理心理感受,将公园的树木与绿化分为多层,利用不同高度的树木补充着公园的层次,使内外环境自然协调;又如悉尼歌剧院

---

[1] 张明,程盈. 城市视觉形象设计的美学思考[J]. 雕塑,2016(06):64-65.

的入口有着两个既美观又具有导向性的柱子,这个柱子是城市美观的公共艺术品,其导向分层明晰,设计又简洁大气;又如我国的连云港,作为重要旅游胜地,在设计旅游标志时将地方风土人情、历史文脉高度概括,以市花玉兰作为标志,营造浪漫的城市旅游氛围。城市的设计行为不应只是表象的、浅显的视觉设计,还应综合城市发展、城市定位、城市精神三个方面,以人为核心,加强视觉形象的功能性和感官性,再加以整合到视觉传达的表现方式中,只有这样才能使城市形象更具竞争力与生命力。

(二)城市视觉形象研究现状与存在问题

19世纪中期,美国工业化发展迅速,从而导致城市环境恶劣,城市总体发展滞慢,为改善这一状况,20世纪初,在美国兴起了"城市美化运动",旨在丰富基础设施建设,建立具有艺术气息的景观和建筑,保护城市历史遗迹,从各方面迎合经济的快速发展。而中国对城市视觉形象的研究始于20世纪20年代,建筑专家陈植在《东方杂志》中提出"美为都市的生命"这一观点,广泛引起了城市建筑美学的新思潮。

城市视觉形象是最为直接的反映城市文明程度的体现,如在城市建筑上,雅典卫城、浴场以及神庙等建筑都信奉坚固实用的原则;随着美国"芝加哥规划""城市美化运动"的兴起,又采用巴洛克风格规划城市建筑,恢复其秩序之美;当"环境美学""城市景观艺术"等思潮的兴起,对城市视觉形象的研究不再局限于城市建筑,而是将历史文脉、人文精神、景观艺术等因素结合一起,相辅相成构成城市视觉形象,发展至今,市徽、标语、公共景观、城市道路都属于其范畴。将城市静态识别符号具体化就是城市视觉形象,它传达范围广,效果更为显著,其实质都是置于视觉传达设计和营销学中,目的是系统地将城市发展、城市文化、城市精神展现在大家面前,宣传城市、招商引资。

目前在我国,城市视觉形象的研究者着重探讨城市形象设计的"可视化",注重视觉的传达功能,而忽略了城市设计中最能表达情感的美学体验和精神内涵,即环境艺术和空间感受。人是城市的主体,城市是基于人而存在和发展的,城市美学思考就是将人作为核心,促进人与城市间的和谐交流。正如柳冠中先生所说:"设计是人类实现人性需求的智慧途径。"对于城市形象设计而言,具有较高审美价值的城市不单单只注重于建筑的设计,还注重人性的温度,强调人与城市的互动性。总之,一个城市的视觉形象是这个城市向外展现城市实力和城市幸福度的体现,它直接取决于城市的居民和城市之间和谐共生的状态。城市视觉形象的构建正处于城市进程快速发展的时代,在这个风口浪尖,城市的建设很容易忽视人们的感受和体验,对美好事物的追求同样也是城市建设的重要环节,这是视觉形象设计中不可忽视的问题。

二、城市视觉形象的整体分类

城市视觉形象的分类涉及层面十分的宽广,根据上述对其进行概述后,因课题研究的必要,将重点内容做其整合梳理,为后续研究提供清晰的理论思路。

(一)城市公共设施识别

1.城市建筑

清晰的城市规划、特色的城市建筑、宽阔的林荫大道在城市视觉形象的塑造中起着至关重要的作用。建筑的功能性不仅满足了居民生活工作的需求,同样也反映了这个城市人民的精神追求与文化内涵。建筑对人的视觉有较强的冲击感,所以留下的印象也会比较深刻,例如在历届G20峰会会标的设计上,各国都是采用举办城市具有代表性的建筑做其会标。2016年的杭州峰会会标以"桥"作为元素,桥与杭州的形象已经不可分离,在会标上"桥"不仅体现了杭州的城市形象特色,同样还以沟通、交流的寓意,受到国内外广泛的称赞;2012年峰会在墨西哥的罗斯卡沃斯举办,此次峰会的官方标志融合了玛雅文明时期的金字塔建筑,结合墨西哥特色图案,凸显了城市的历史与神秘;2011年法国戛纳峰会则是以象征浪漫的巴黎埃菲尔铁塔作为主要设计元素,以红、白、蓝三色作为主色调,设计显得简洁时尚。城市建筑是最能直观反映城市形象的,它们各有其功能,从而又互相影响,在促进自身完善时又满足了对城市视觉形象的塑造。

2.街道、区域等历史遗迹

城市中的历史街区也是城市形象的代表之一,比如成都的春熙路、武汉的江汉路、南京老东门历史文化街区、丽江的束河古镇、厦门鼓浪屿、安徽宏村与西递,这些都是文化积淀深厚的遗迹,充满了历史和故事,是城市特色与文明聚集的地方。

3.动植物

指生长在城市中,并能代表城市的地域特征或者精神内涵的动植物。例如中国澳门以莲花作为区旗,一方面澳门的许多旧址,如"莲花地""莲花茎""莲峰山"都是以莲花命名,另一方面因为莲花是澳门居民偏爱的花种,寓意着澳门将来兴旺发达的发展前景;中国香港则以紫荆花作为区旗;重庆以山茶、天津以玉兰作为市花;成都的熊猫、厦门的白鹭、盐城的丹顶鹤等,这些都是具有城市特色的动植物,以特殊的寓意内涵作为城市视觉形象的图案符号。

(二)城市户外广告识别

城市户外广告产生于九十年代末期,各个企业希望通过户外广告传播商业信息,各级政府希望通过户外广告传播城市品牌、树立政府形象。随着城市经济的蓬勃发展,户外广告行业也进入快速发展期,广告投放是一种商业行为,由于利益的驱使,小广告、野广告、乱投乱放等现象不断发生,在某种程度上,多多少少侵蚀和破坏了城市的环境。例如美国纽约的第五大道,街道上户外广告投放密集,严重造成视觉污染,相比起纽约第五大道,法国香榭丽舍街道同样也是经济发达,但户外广告投放却比较适当,有的放矢。再以法国巴黎为例,户外广告集中在商业街、购物中心、机场、地铁等公共位置,政府对投放密度也有严格的控制,广告牌在大小、颜色上也会与周边环境协调一致,在有效传达信息的同时又美化城市、塑造形象。

户外广告的视觉冲击力会以不同的形式存在于人们的生活中,它的大小、形状、色彩、载具模式等方面因素,也会直接影响到城市形象的塑造问题上。好的户外广告不仅能为商家带来效益,同时也能彰显城市的内涵和魅力,在城市形象的塑造上起到推波助澜的良好效果。

(三)城市所属色彩识别

城市的色彩符号指城市物体被感知的色彩的总和,其中包括城市植被,如树木、海滨、花草、山石等自然色,或者城市建筑、街头设施、公共建设等人工色。城市的特有色彩使其具有识别价值,红墙灰瓦成了老北京的城市基调,透露出城市朴实、浑厚的历史风霜感;碧海蓝天、红瓦朱墙又展现了青岛这座现代与历史交融的海滨城市的风采;浪漫的巴黎选用秋季的亮黄色展现着城市的魅力;神秘的罗马又以橙黄色和橙红色诉说着这座城市曾经辉煌的历史。伴随着中国近些年城市的快速发展,城市色彩出现"灰蒙蒙""大花脸"等现象,许多建筑和楼盘崛地而起,但却与周边景观或已存在的建筑群不协调,这种色彩"试验场"现象只会加剧人们对城市的陌生感和漂泊感。和谐美好的色彩景观不仅具有调节身心、提高居民生活环境质量的功能,同时还在全球文化趋同的情形下,以独特的城市色彩起到了延续和保护地方特色的作用。

　　日本是对城市色彩规划实践最多的国家,早期的日本以安全、节约为前提规划城市,但伴随着群众要求城市个性化的呼声日益强烈,政府颁布了《景观法》,以强制的手段对城市中不和谐的色彩进行管束。在此之前,日本也曾在色彩使用方面走过弯路,使用"暴力色彩",最终造成色彩垃圾和视觉污染的后果。如今在东京,大型建筑在动工前,首要任务是对周边环境实施色彩考察,除了注重整体的色彩一致,还强调建筑形式上的整体和谐感。在相对规范的城市色彩应用基础上,日本还尽可能挖掘与当地的树木、土壤、沙石息息相关的特征色,在不破坏整体色调的基础上寻求差异化发展。

　　每个城市都有属于自己的整体调性,它是与城市环境、风土人情相互融合从而形成长期的、稳定的视觉符号。形成和谐统一的城市色彩基调,在城市塑造中,起着推波助澜的宣传效果。

三、城市视觉形象的特征性

(一)城市视觉形象的独特性

　　城市视觉形象是凝聚城市特色形成的客观形象,是对城市经济、文化、环境、精神底蕴的总结和升华,它可以以图形、文字、口号、标语等形式传播。在这个城市竞争日趋激烈的时代,城市视觉形象必须表现出独特性甚至于独创性,才能在竞争中略胜一筹。

　　经济学家布鲁斯·亨德森曾指出:差异化是获得高额回报的唯一手段。城市视觉形象的独特性正体现出了城市的鲜明特征,例如杭州的城标,将篆书的"杭"字进行变形,以桥和方舟相结合,桥与杭州的城市形象不可分离,在《马可波罗游记》中曾形容杭州桥梁多达十万座,桥之间相互连接,四通八达。由此可知,在城市视觉形象的传播中,只有充分凝练城市特色才能使城市在竞争中脱颖而出,具有识别度,从而形成独一无二的城市品牌。

（二）城市视觉形象的凝聚性

城市视觉形象应该是受到广大市民所认同与拥护的，因为它不仅代表着整个城市的风貌，同时也象征着城市居民的精神和风气。好的城市视觉形象对内可以促进文明城市的建设，增强居民认同感和归属感，使居民与城市相互依存从而和谐共生；对外能够招商引资，吸引外来人才，改善城市经济，从而为城市健康发展创造更优质的条件。

（三）城市视觉形象的发展性

发展性是指事物在发展过程中，不仅仅局限于认识能力，还包括促进事物潜能、个性和创造性地发挥。时代在不断进步，万事万物都在变化更替中，城市视觉形象也要随着主流变化而改变，不仅要正确认识城市内涵与精神，更要在传播过程中发挥潜能，创造个性化和独特性。在这个经济水平不断蓬勃发展，人民生活质量不断提高的时代，视觉形象的传播也应顺应新的发展趋势，满足不断更新的社会需求，促使城市视觉形象续存型发展。

（四）城市视觉形象的传播性

城市视觉形象是城市内涵的凝聚物，它起到的良好效应必须借助传播手段才能到达受众心里。城市空间环境的物质信息，通过人的感官作用，形成系统有效的信息，进而促进了对城市品牌形象的认知，现代化的城市信息越来越趋向于布景化、图像化，例如城市中的地产广告，建筑的实际外形已不再处于首当其冲的设计地位，相反，广告图像中所要传达的信息才是第一考虑。在传播过程中，媒介是城市传播的主要承载体，城市又为大众传媒提供物质基础。大众传媒促进城市的良性发展，充分发挥传播媒介对城市形象的导向作用，进而在公众心理树立起良好城市形象，可以促进公众对城市的了解与沟通。

四、城市品牌构建中视觉形象的系统职能

城市视觉形象是城市品牌形象的客观表达，通过视觉的方式将表面现象传递给大脑，由大脑进行加工处理，从而形成更深层次的认知和理解。当城市空间与人通过感官行为产生互动后，人对城市形象形成认知和理解，城市形象对人则形成一系列职能作用，承担更多职责。

(一)信息传递职能

在巨大的城市空间里,人不断与城市产生互动行为,城市无时无刻地传递着信息,在这个图像信息主流的时代,图像承载着更多的信息沟通职能。城市视觉形象是将城市文化、精神符号化,将信息以可视的形式,通过文字、图像与人进行相互沟通。例如现今在城市中,被户外广告所覆盖的建筑大楼,建筑的外在形态已不再重要,重要的是悬挂在大楼上的广告信息。正如建筑设计师雷姆库哈斯在谈及中国城市的建筑时说:"建筑间的竞争利用的玻璃幕墙是最大变化,这让人联想到了空间呈现更为大的、以'画境'形式来安排事物的新巴洛克风格美学"。在这里"画境"是指所传递容量大的信息,"安排的事物"指幕墙的建造,他这句话指出在中国,建筑物之间的竞争已改变方式,从传统的形式上的竞争,变为信息传达的效益竞争。无论是幕墙也好,户外广告也罢,都是信息的载体,城市形象的可视化和信息的有效传达更易于人们对城市品牌的认知和了解,因此城市视觉形象具备了信息传递的职能。

(二)行为支配职能

心理学家库尔特·勒温将人的行为定义为自身与环境交互作用的结果,人的活动除了自身的主导因素外,对周围环境因素的要求也比较高。当今社会,消费已成为必不可少的日常行为,按行为学派的传统解释,具有刺激性的事物更能促进消费欲的产生。在城市形象中,大型超市、专卖店、商场都会以各式各样的手段促进消费,例如户外广告宣传、平面海报宣传、派发宣传单等,在人的视觉感官中,大的、鲜艳的都会占据视觉的主导地位,影响人的选择性,即使在消费过程中没有主动的购买欲,客观环境也会促使消费行为的实现。同理,在城市品牌形象中,有效的视觉形象会对人的感官有一定的影响甚至是主导作用,从而起到支配行为的能力。

(三)视觉审美职能

从拿破仑三世时期对巴黎的改造到美国"城市美化运动"的提倡,再到柯布西耶"现代城市"的设想,这些改变和变迁体现了人类对美好城市形象孜孜不倦的追求。城市形象是城市物质、文化、风土人情的凝结,它体现了城市居民的精神面貌和价值取向。完整的城市形象研究不仅着眼于建筑、雕塑、广场、街道等"硬件"上,还应上升到人的主观印象、理解和感受等内容。因为城市不仅仅是一个囊括人们衣食住行生存空间,更是能够表达情感、释放情绪、充实精神的乐土。随着时代的进步,城市审美也会随之发生变化,当城市形象与人的审美情趣相吻合时,审美意识会让人产生身心愉悦的情感,这种体验是人的主观感受与审美对象间互相交流的结果。城市形象的外观和文化性直接影响到人们对城市视觉的审美观,它的审美价值在于凝集城市居民对本城的情感认同,更加深刻地了解城市历史文脉和精神内涵,丰富人的创造性感受,在传承历史的同时,又能开创新的未来。

五、城市视觉形象的整合与提升

城市视觉形象是人对城市主观的感受和印象,因此在围绕城市形象的提升上,需从人的感知、情感层面进行深入的探讨。根据人因工程学(Human Factors Engineering)可知人的生理、心理、认知能力、行为方式在系统设计中起着重要的作用,它强调了人与环境、空间的和谐问题,从人的感知角度出发,使设计更加优化。马斯洛需求层次理论将人的需求分为:生理需求、安全需求、爱和归属感、尊重和自我实现。当人低层次的生理需求被满足后,自然而然就会向高层次的情感层面发出渴望。

城市视觉形象设计本身就是理性与感性融合的过程,相对应的,设计也可以遵循这个发展规律:由低级的功能层面转向高级情感层面,甚至于"可持续"发展层面。当设计满足"有用的""实用的"后,便可向情感层面的"愉悦性"方向发展,甚至更高层次的、集合经济环境问题的"可持续"方面发展,由此,功能性、愉悦性、可持续性是城市视觉形象塑造的三个递进层次。

(一)城市视觉形象设计满足功能性与合理性的统一

19世纪末现代主义设计萌起,最初发端于建筑,强调功能为设计的中心和目的,从而,功能性成了设计需要满足的第一个步骤。在城市视觉形象设计中,最具有代表性的就是城市导向标识、交通警示、警告牌等,很难想象城市的关键路口没有指示牌或者交通主干道没有警示灯,这不仅为人们的生活工作带来不便,同样也会使城市的发展效率滞后不前。这些具有信息化的标识为本地居民或到访者提供有效的信息,起到良好的引导或警示作用,它的功能性和传播性大大地提高了城市进步发展的进程。

当设计满足基本的功能作用后,合理性是设计的必经阶段,它指设计的产品为使用者带来舒适、方便、高效的使用体验。例如杭州的"父子灯",就是满足产品功能性的创新设计,在通行时间上分离行人和机动车,"父子灯"的应用减少了城市交通道路的互相干扰;与绝大多数国家相比,德国街头的交通灯显得与众不同,通过的绿灯标识是体型矮壮、戴着大檐帽的"小绿人",研究者称,这比瘦版的"小绿人"更加引人注意。在城市标识导向上,这些设计不仅从人的感知层面出发,同时还增添了城市视觉意象的创新精神,在城市塑造中起到了良好的传播作用,使城市形成了个性鲜明的视觉意象,满足了城市视觉形象设计上功能性和合理性的统一,从而有效地提升了城市的形象。

(二)对城市视觉形象愉悦性的考虑

人因专家帕特里克是"新的人因因素(new human factor)"的倡导者,他曾呼吁:"人不仅仅是物理的,还是抱有希望、恐惧、梦想、价值与渴望的"。他强调人的情感因素在设计中的重要性,认为心理愉悦(Psychology Pleasure)是人们通过视觉、听觉、嗅觉、味觉、触觉在接触产品时自发产生的反应和心理状态。当设计满足了基本的功能性后,人们会向往更高层次的满足,即设计带来心理或视觉上愉悦性。

城市视觉形象中的卡通形象就比单纯的文字方案更具传播优势,例如城市吉祥物、城市共享单车、城市旅游标识等,简洁的视觉造型成了这个时代最理想的传播符号之一。熊本熊是日本熊本县的地方吉祥物,身上的主色调采用了熊本县的城市色彩——黑色,两颊采用鲜红色作为腮红,寓意了"火之国"的称号。设计者最初目的是希望以吉祥物为本县带来更多的经济收益,然而熊本熊依靠自身呆萌的形象成为世界上拥有最高人气的吉祥物,作为城市视觉形象代表的吉祥物,熊本熊在宣传本县名气的同时,带动了各个行业从而振兴了本县经济的发展。

2016年底,国内共享单车突然火爆,摩拜、哈罗、ofo等品牌单车在大街上随处可见,它不仅为人们的交通出行提供了便捷,也带动了自行车产业重新振作。2017年6月30日,ofo小黄车正式宣布与环球影业合作,获得旗下IP小黄人的形象授权,ofo大眼车的车轮和车身印有小黄人贴纸,车把上一双装饰性的"大眼睛"更显可爱俏皮,极尽卖萌耍宝的小黄人配上小巧可爱的小黄车,这结合萌味十足,品牌管理者有效地抓住了使用者的体验心理,使人在使用之余同时也大大提高了使用的愉悦程度。城市形象的塑造应该是积极且欢乐的,吸引力和感染力是城市人性化发展的表现,人与产品的互动性也成了传播的方式之一,城市视觉形象的设计在发挥功能性之余如果能增添趣味性的表现,不仅能达到良好的宣传效果,更会促进人们对本城市的认同感和喜爱感。

(三)城市视觉形象的可持续性发展

可持续性是一个全球的话题,是基于社会、经济、生态三方面的综合标准,在这个能源问题和环境问题日益显著的时代,可持续性设计(Sustainable Design)显得尤为重要,它是指设计在优化个人生活、产生经济效益的同时,将产生的负面影响缩减至最小,从而推动城市建设的设计。对于城市视觉形象而言,如果能潜移默化地影响市民的消费方式和生活方式,减少对外部的影响和消耗,就是可持续性的体现。例如垃圾桶上的分类标识,英国采用"三色"垃圾箱分类,红色代表可二次利用垃圾,绿色代表收集花园废弃物、灰色指收集需要掩埋的垃圾;日本则采用艺术化垃圾袋,同样以三色区分可燃不可燃,还在垃圾袋上绘制自然图案,将垃圾投放问题变得轻松有趣,这种可持续性设计对垃圾的再循环利用起到很大帮助,同时还减少人力的消耗和环境的污染问题。

可持续性问题是城市视觉形象考虑的最高级别,它不单单指保护环境、节约能源,更是为了让城市中的人们和大自然产生更多的关联。可持续性的设计表现形式多种多样,完全的可持续性很难实现,但是我们可以从一个或者多个方面入手,让设计更合乎可持续性的理念。

第二节 城市视觉形象设计的发展态势与未来展望

一、城市视觉形象设计的发展态势

城市视觉符号赋予了城市活力与生命,让城市与人能"沟通""互动"[1]。许多城市意识到城市品牌的重要性,因此十分注重城市视觉形象的设计与

---

[1] 朱一. 生命场地——略论社区景观的美学内涵[J]. 艺术百家,2010,26(S2):131-134.

推广,随着它的变化与发展,创意的简易化表面化、应用的广泛化系统化、形式的综合化多元化已是主要的发展态势。

(一)创意越发简易化表面化

Less is more由德国著名建筑大师密斯·凡德罗提出,这里的"少"并不意味着空白,而是指精简,"多"不是指代繁杂,而是完美,这种去除繁缛装饰而强调功能性的设计风格,从包豪斯时期影响至今。城市视觉形象设计早已成为城市传播的一部分,面对信息时代的发展,信息的广泛高效传播越来越被重视,其设计风格也遵循着简洁、易懂的方向发展。快节奏的生活方式使人们无法长时间驻足某处去研究视觉形象设计的内涵,相比于繁杂的视觉形象设计,创意设计越发简洁、通俗易懂更能得到大众的青睐,这种创意并不会显得浅显庸俗,反而既能突出城市特色又能便于识别和记忆。

(二)应用越发广泛化系统化

随着科技的进步、技术的优化,媒介平台呈现出百花齐放的状态,无论是形式还是渠道,城市视觉形象的应用和传播变得越来越丰富且繁杂,在这种局面下,有秩序地操控是必要的。城市视觉形象的设计只是完成了最基本的设计部分,然而如何有效地呈现在大众面前,为大众所接受,才是城市信息传播的重点。在创意简洁使受众通俗易懂的同时,应用广泛化系统化已是大势所趋。

(三)形势越发综合化多元化

发展不是单向的,是多元化、多维度的,设计的发展亦是如此,设计融入我们生活的各个方面,随着世界艺术的交流,其开阔性和广泛性使人们的视野更加开阔,思维更加活跃,同时也更渴望内心真实情感的表达,因此多元化的设计也展现出空前的繁荣。当信息传播的承载媒介不同时,传播形式也会随其改变,城市视觉形象设计的简易化、媒介载体应用的广泛化,必然会导致传播形式的综合化、多元化发展。

二、城市视觉形象设计的未来展望

(一)优秀视觉形象设计更新城市面貌、唤醒城市活力

优秀的视觉形象设计不仅能在传播过程中给受众留下深刻的印象,更

能反映一个城市外在的概貌与内在的底蕴,"东方明珠""北京故宫""自由女神像""巴黎铁塔",这些都是备受瞩目的城市地标,同样也是城市视觉形象表达的一部分,它们代表了不同的生活方式和文化观念,让各自的城市品牌有着独一无二、不可替代的特点。如哥本哈根塑造的"OPEN"的城市品牌形象,整体表达出以新思想、新观念的态度面对一切新事物,既开放又包容一切外来优质资源,这个视觉形象不仅为城市带来新的生机,还凝练了城市精神及未来向往,更新了城市的面貌,典型的"视觉新符号,城市活品牌"。

城市的魅力在于其活力,是品牌传播的强大武器,优秀的、具有世界性的城市品牌都像朝阳一样蓬勃发展并在全球都享有盛誉。城市活力为其长远发展注入新的能量和生机,只有有效运用视觉形象,提高品牌质量,才能让城市长盛不衰、蓬勃发展。

(二)创意视觉形象设计凝练城市精神、推动城市文化

创意视觉形象改变生活环境,提升人们生活质量,好的创意形象让城市更具魅力和定向引力。它不仅能改善人们的生活方式,同样也能推动城市文化的进程。如2016年台北市申办世界设计之都全球性活动的形象标识,标识既可以说是以台北市12个行政区分别代表的颜色相互融合为的紫色,又可以说是以科技概念之蓝,融入文化创意之黄,加以热情活力之红,从而形成主色调紫色。整个标识集合台北市文化、科技、人文风情的发展特性,象征整个城市多元化发展,互相渲染交织,促进城市进步。"Adaptive City不断提升的城市"是台北申办设计之都的理念与诉求,旨在有限的资源下,保持城市旺盛的创新活力,创造人民生活的福祉。同样以谦卑的态度面对生态环境,以灵活的方式处理各种复杂的城市问题,以智慧激发集体参与的改造力量。这些成功的创意形象通过不同的形式,潜移默化地将城市特有的文化内涵传播给受众,用"设计"的新手段促进人民健康、保持生态平衡、刺激经济发展、推动了城市文化产业,进而也加强了城市品牌传播的影响力。

(三)生态视觉形象设计增添城市魅力、人与自然和谐

随着工业文明到生态文明的转变,生态主义一直备受关注。城市不断面临"保护与发展"的问题,在这个庞大的生态系统中,城市也是其中一部分,每个城市都有责任和义务保护生态环境、节约生态资源。城市品牌也可以是低碳、绿色、环保的,生态视觉形象不仅唤起人与自然的和谐相处,同时还能增添城市魅力、提升城市品位。历史名城山东济南塑造了"山泉河湖城"的城市理念;以鸠鸟和趵突泉为主体形态,体现泉城济南"家家泉水,户户垂柳"的城市居民生活特征,在表现形式上,将泉与鸟结合,反映了自然的和谐统一,同时也传达了和谐美好的生活方式。

现代城市面对的挑战和威胁只会越来越多,在这样的处境下,积极将设计导入整个城市发展,倡导社会设计的思维与做法,追求改变与创新,而不仅限于单一的经济产业领域发展,以包容接纳的态度面对一切好的新鲜事物。用视觉形象的感染力和凝聚性克服城市在生态永续、生命健康、智慧生活、都市再生上面临的所有挑战和困难。

第三节 城市品牌形象塑造的规划策略

一、城市品牌形象的塑造原则

(一)调查分析

一个城市所确定的城市品牌形象,必须符合自身的实际情况。所以,真实性原则是城市品牌形象定位的首要原则。我们可以通过网络及线下调研,在如何塑造城市形象上征求听取各方面的建议,公众对城市的意见,城市的管理者对城市的评价,本城市的特色环境和建筑是什么,代表名人及众所周知的历史故事有哪些。并且这个过程应该是透明的、开放的。分析调研数据,获取真实准确的城市形象相关信息,对城市形象的代表性、独特性有更深化透彻的理解。

(二)属性定位

人的指纹都各不相同,那么,也不可能有相同的城市。一个城市的品牌定位必须要有独特性,不能使它适用于任何城市。否则,这种城市品牌定位就失去了意义。但凡知名城市都会具有独特的精神,具有一些独树一帜、令人难忘的鲜明特质。中国香港"动感之都"、海口"娱乐之都"、成都

"美食之都"等,这些城市分别展现了其特殊的环境特点及人文特点,凸显了城市形象载体的个性,使人印象深刻,过目不忘。任何一个城市首要是根据各自独有的城市形象特征对城市属性进行定位。城市品牌属性定位的原则,确定它在公众中的印象,以及它应该朝什么方向发展。

(三)建筑识别

时间积淀形成的标志性城市建筑,是一个城市品牌形象最重要的形象载体和识别元素。这些具有深厚历史背景和文化内涵的建筑见证城市成长的历程。由于公众对于城市生活的印象和感悟不同,所以,公众心目中确立的标志性建筑,也不尽相同。在建筑识别的确立上,要寻找到"认同感",同时,要注重建筑本身形成的"历史感""地方特色""国际化标签",而不能根据建筑本身的体量和科技含量来衡量确立。基于此,才会形成一种城市对外形象传播的统一标准。

(四)色彩利用

法国现代著名色彩学家让·菲力普·朗科罗认为:"每一个国家,每一座城市或乡村都有自己的色彩,而这些色彩对一个国家和文化的建立做出了强有力的贡献。"所以,为了能够使城市的色彩更具识别性,要注重构建城市的主体色、辅助色和点缀色。一般来说,主体色占到城市色彩75%的比例,辅助色可占20%,点缀色占5%,才能形成稳定、整体的色彩关系。色彩设定的基本原则与形式美的原则一致,即色彩的对比与协调。城市色彩既要寻求平衡与统一,又要体现矛盾与对比[①]。在实际应用中,要灵活运用色彩基本原理,充分考虑色彩的面积、形状、位置等因素对色彩设定的影响。在此基础上,还要考虑色彩与地域环境的协调性,充分利用本地的地域资源提炼出色彩倾向性,打造有特色的城市品牌形象。方法上建议将城市建筑景观,依据建设历史的长短划分成新老城区范围。根据新老城区的不同功能、不同景观、不同文化氛围,形成明确的色彩识别特征。

(五)图形化表现

提取城市的民俗之美、艺术之美、自然之美、景观之美等显性形象,进行视觉形象的图形符号化的高度概括,运用到城市形象视觉识别系统中。

[①]黄琳.5G时代视觉传播语境下城市形象传播的范式革新[J].四川轻化工大学学报(社会科学版),2020,35(06):84-100.

挖掘隐性人文文化、历史文化,叙述成为城市品牌特色化故事。如此提炼,建立具有独特性、代表性的视觉品牌,符合该城市的文化属性。设计原则:第一,用抽象现代感的设计元素来展现城市独特形象。第二,城市形象视觉系统要体现地域文化特色,要符合国际流行趋势与标准,即地方传统文化与国际文化的接壤。从而得到市民的广泛认同和中外游客的理解和接受。

(六)事件营造

城市品牌形象塑造的一大利器便是进行活动事件营造。具有鲜明的主题、能够引起轰动效应的营销活动,或是那些单一及系列营销活动,精心的策划后,不仅具有较大的新闻价值,而且能够更加有效地实现城市品牌形象塑造目标。当然,城市品牌形象的事件营造,未必都是像世界博览会、奥运会这样的大型活动,组织一次区域性的商业洽谈会,主办城市将硬实力和软实力方面的魅力充分体现出来,也会对城市品牌形象塑造起到积极作用。城市品牌形象的塑造,对于一座城市的发展来说,有着极其重要的作用,因为城市品牌形象是城市品牌化的最终体现。优秀的城市品牌形象,既是城市之间竞争力的重要体现,又是城市巨大的无形财富。然而,城市品牌形象的塑造并非一朝一夕就能完成。在城市品牌形象的构建与探索中,只有以品牌核心价值定位为根本,结合建成环境、标志性事件和著名人物等城市的自身形象载体特点,才能不断地塑造这种品牌文化。从城市自身来看,想要提升城市文化品位,增加城市的旅游附加值,并在激烈的市场竞争中抢占更多的市场资源,提高城市综合竞争力;那么,塑造良好的、差异性的城市品牌形象就是必然。因为只有当品牌形象深入公众的内心,该城市才更具有文化资本价值。从公众的角度来看,在诸多的竞争城市中,优秀的城市品牌形象很容易脱颖而出,减少了公众搜寻城市形象信息的时间,从而实现了公众对品牌的忠诚度。如何实现优秀的城市品牌形象到无形资产的转换,促进城市科学持续地发展,发挥自身的独特个性与核心价值力量,将是城市管理者和城市品牌研究者需要不断关注的问题。

二、全球一体化背景下城市品牌形象的差异化发展

科技的发展将城市更加紧密地联系到一起,城市间的竞争更加凸显。城市为了获得更多更好的发展空间,吸引更多的资金注入,将努力宣传自

身的优势产业,力求获得更好的知名度,但通常因为忽视了自身特色、同类市场趋于饱和等因素,宣传并没有取得很好的效果。因此,城市品牌的差异化是城市品牌形象塑造的重中之重。城市的差异化取决于城市准确的定位,城市的定位要根据城市独有的综合资源优势,提取核心价值,这才是城市品牌形象的"灵魂",也就是我们说的核心价值。一个城市品牌形象的发展通常会依附于其自身所有的优势。但城市的发展也应该依靠现有的城市比较优势来发展。有的城市占据自然地理优势,得天独厚,城市风景优美,城市可以得益于这种资源优势发展城市旅游品牌;有的城市历史文化名人辈出,有着良好的城市文化积淀,这样的城市可以充分挖掘这些历史文化的深厚内涵,继续按照历史文化的脉络进行品牌发展;有的城市属于新兴城市,既无自然资源可用,也没有优秀的历史文化积淀,这样的城市可以发掘城市的后天优势,没有自然地理和文化的限制,可以努力打造现代化城市品牌形象,形成城市间的独特个性和城市品牌形象的差异性。

我们可以将城市的属性分为以下八个层面,综合分析,提取城市的优势资源。

第一层,城市的历史文化属性,这是多数城市都具备的,如民俗民族化、名胜古迹、纪念遗址、文化理念等。历史文化属性是任何城市不可复制的优势资源,是区别与任何城市的独特属性,也是城市最具魅力的地方。作为千年历史文化名城的北京、南京,将沧桑历史深深地烙印于城市形象当中;井冈山、延安等地高举红色旅游文化牌,将城市和革命紧紧地联系在一起。

第二层,城市的自然资源属性,这与城市的空间地域形态息息相关,旅游资源、矿产资源、动植物资源等。依靠独具魅力的自然地貌,建设旅游品牌,大力发展旅游相关产业,如张家界市因拥有独具特色的张家界地貌而闻名世界;桂林市因其山清水秀,获得"桂林山水甲天下"的美誉;婺源以徽派建筑群落和自然景观享誉中国;大同市、平顶山市利用丰富的煤炭资源,发展开采、能源产业。

第三层,城市的交通属性,这是城市的地理优势。城市的建立之初,就是因为所在地是重要的交通枢纽。这样的城市如泉州,海运、空运、公路、铁路一应俱全,泉州港为海西三大港口群之一,集装箱吞吐量处世界前列。

第四层,城市的政治经济属性。城市因其地理、历史等原因成为国家地方行政机关的驻扎地,逐渐凸显其政治属性,如美国华盛顿是美国各个部门所在地,行政是主要城市职能。再如,瑞士小镇达沃斯,因每年的达沃斯论坛而成为世界关注的焦点。当商品生产和商品流通的发展形成以某一城市为中心以后,这座城市就有发展金融的潜在优势。中国香港经过数十年的经营发展,其金融体系不断完善和更新,成为亚洲最佳资金投资场所之一,其影响力辐射各大洲。

第五层,城市的生产制造属性,许多城市依靠廉价的劳动力,制定优惠的政策支持,引进先进的生产技术,大力发展制造产业、农业,形成远近闻名的工业制造城市或农业生产城市。如美国汽车城底特律,曾经是通用、福特和克莱斯勒三大汽车厂商总部所在地;中国的寿光市大力发展农业品牌,建设农业基础产业链,将优质蔬菜出口海内外,获得良好的口碑。

第六层,城市的科学教育属性。"科学技术是第一生产力","教育是国家的未来",许多城市以此作为城市的品牌,大力发展教育,鼓励创业,大力完善城市功能,吸引科技公司落户。如被称为"硅谷"的美国圣荷西市,是微软、惠普等数百家高新科技公司研发所在地;休斯敦市是航空科技的代名词。

第七层,城市的娱乐文化属性,许多城市主打文化产业品牌,如拉斯维加斯因博彩产业而吸引着数以万计的富豪前来挥霍。洛杉矶因为"好莱坞"的存在而响亮世界,打造出的"影星"受到世界范围内粉丝的追捧,反过来又强有力地推广了洛杉矶的城市品牌形象。

第八层,城市独特节事活动的属性,如西班牙的布尼奥尔小镇的传统节日"西红柿节",每年吸引来数十万游客。意大利米兰的设计周和时装周引领了全球设计风潮。法国小镇戛纳只有九万常住人口,每年因为戛纳电影节的举办而吸引世界影迷的目光。这八个方面的属性就是一个城市的职能所在,每一座城市都存在,地区性优势影响力和辐射力或大或小。但品牌形象的建立不是传达给受众我们有什么,而是要结合公众需求,寻找真正适合城市发展的核心价值才是重中之重。从而大力发展优势资源,以形成具有地区差异性、国家差异性乃至全球差异性的竞争力点

我们一直在说城市品牌形象的差异性,这差异性最根本的来自哪里?城市的核心价值是如何形成的?是城市在发展中逐渐形成的,是长期积累

的历史文化属性,一个城市的发展到今天,是借助现有空间资源,经历了无数人的建设,发生了无数的故事和传奇,形成了城市独特的人文历史,这是一个城市最根本也是最具特色的部分,无论品牌定位于哪一方面,历史文化都要融入其中。只有把握自身历史文化,不断完善和补充品牌形象,才能在全球化城市形象的差异化发展中占得先机。

《城市定位论:城市社会学理论视野下的可持续发展战略》从城市社会学理论视野下的可持续发展战略做了深入的研究。在城市全球化和全球城市化发展中,我们必须创造中华民族的城市个性,寻找城市的差异化定位,创新个性化的城市形象与文化,只有这样才能在中国城市本土化的文化发展中,建造可持续发展的城市。

把握定位、凸显特色、强化整体形象,这是建立城市品牌形象的不二法则。准确的形象定位有赖于对城市历史演变和未来发展趋势的深层理解和对城市形象资源优势的充分挖掘。视觉识别是基于定位而展开的对历史传统、地域文化、民族特色与现代化前景的融合与表现;凸显特色就是彰显城市赖以成名、独一无二的特色,将城市特有的文化符号融入现代化的视觉形象设计中,强化整体形象就是通过一系列形象要素的有机叠加集合,形成和谐统一特征突出的城市整体视觉形象,向公众传达的城市最具竞争力的核心价值。

三、MOT(真实瞬间)的感官体验氛围营造

MOT 的全称是 Moments of Truths,中文译作"关键时刻",也可称之为"真实瞬间"。这个概念最早在 1986 年由当时的北欧航空公司总裁詹·卡尔森(Jan·Carlzon)在《Moments of Truth》一书中提出,记录的是北欧航空公司起死回生的传奇故事。

北欧航空公司测算过某一年的乘客数据,总共在一年内承载 1000 万名乘客,每名乘客平均接触 5 位不同的员工,平均每次接触时间 15 秒。这 5000 万次 15 秒,就是决定公司成败的 5000 万个"关键时刻"。正是在卡尔森的带领下,当时北欧航空提出了全新的理念:"以前,我们驾驭飞机;现在,要学会驾驭乘客",并且由此打通内部信息渠道,全力培养一线员工的认同感和使命感,改善每个环节的服务意识和流程,由此带来了北欧航空公司的全新转型。

在市场经济的竞争中,不同品牌富于相同产品不同的品牌内涵,形成了自身有利的产品竞争力。而产品需要与受众接触的节点或场所,就是展示产品品牌形象十分重要的窗口。产品的形象在展示时需要和良好的口碑与评价高度一致,才会得到受众群体的认可。从世界范围一直到国内,不少鼎鼎大名的公司都把"关键时刻MOT"作为研究对象和培训内容,包括IBM、麦当劳、中国移动等。而乔布斯领导下的苹果基本上把关键时刻的出色体验发挥得淋漓尽致了,总是在细节处给人以惊喜,并且不知不觉地拉开了和竞争对手的差距。如果一个公司能够把握住客户每一次关键时刻的体验,必然会在长时间的潜移默化中树立品牌形象、提升客户忠诚度,进而提高客户的转换成本及客户生命周期价值。

城市品牌形象的塑造也需要进行MOT(真实瞬间)的感官体验氛围营造。一般来说,一家实体经营的商店,顾客会经历感知、体验、购买、使用、评价等阶段。城市品牌形象的塑造推出的产品就是城市本身,公众也会经历这么几个阶段,先是通过各种渠道感知城市的品牌,然后走进城市亲自体验,之后选择居住或投资等参与到城市建设中来,最后对城市进行评价并且传播。城市的MOT是将市民看作老顾客,将市外的公众看作是潜在顾客,城市提供良好的体验氛围,潜移默化地影响着潜在顾客的认知,并逐渐产生"似曾相识"的感觉,将潜在顾客变成顾客,并最终将顾客发展成老顾客,成为长期居住的市民。MOT是通过对核心价值的营造,对公众创造一个契合核心价值内涵的真实氛围,使其逐渐认知并认同,最终加入建设城市的行列中来。所以重视城市品牌形象给予受众每一次的接触,都会影响到公众的认知和体验,并影响到对品牌的感受和评价。

在每个阶段,城市的建设者必须从公众的角度认真思考,有哪些环节可能会影响到公众体验,这些环节就是"关键时刻"。例如青岛市在品牌推广中,将品牌形象搬到了登机牌、银行卡、路边景观上,让公众走进青岛就能够感受到青岛城市品牌形象的魅力。在这里务必要清楚地认识到,不要试图代替客户去思考哪些关键时刻更为重要,因为客户类型不同,客户需求不同,客户的期望值和认知能力也不同,没有简单几个要素是可以面面俱到适合所有客户的。研究团队认为,对于初次或者多次进入某城市的公众来说,有几个环节的MOT显得尤为重要。

第一,交通设施,如火车站、汽车站、机场、高速路口、港口等设施,是外地游客进出城市必经之地,对城市形象最初的感官体验从此开始。所以,一定要保持良好的城市品牌形象能见度,做好城市品牌形象的宣传工作,优化相关人员服务态度与工作效率。

第二,城市的风景名胜、人文古迹、海滩、游乐场等景点对公众的体验尤为重要,公众的游玩心情是寄托在对景观的体验上,若产生极为扫兴的印象,对城市品牌形象的负面影响特别大。所以,景区的服务态度和环境质量尤为重要。

第三,注重消费场所的 MOT,购买是公众在城市必然经历的一件事情,或多或少都会消费。购物货真价实,心情自然逾越,被虚高的价格欺骗或是买到假货,对城市的评价会降低,严重影响城市口碑。

第四,犯罪率的高低,行骗,偷盗等事件频发,会使受众对城市敬而远之。所以,重视 MOT,城市建设者务必要整顿市场,严厉打击不法行为,为城市品牌树立良好的形象。

四、视觉形象与品牌塑造工程意识的重视与改善

从过去经营土地等有形资产转到经营规划、设计、理念、眼光、品牌等无形资产上来,无疑是中国城市建设态度的巨大转变。经过对九个城市的品牌建设进行调研分析,提取各个城市的经验与不足,我们提出了需要重视和改善的重点。

(一)城市品牌形象塑造应该重视视觉形象的设计

城市视觉形象的设计是对城市三维空间外立面进行装饰和安排的规划,既包含了视觉传达,也能表现城市历史文化、精神文明等内容。它是以平面为主,向着城市景观、道路、公共设施等城市规划项目等延伸。英国城市形象设计专家弗·吉伯特指出:城市由街道、交通和公共工程等设施以及劳动、居住、休憩和集会等活动系统所组成,把这些内容按功能和美学原则组织在一起,就是城市形象设计的本质。把城市形象设计引入规划建设、管理系统,城市形态、自然环境条件、建筑物、城市结点空间、街道、城市绿化等内容精雕细刻,能够直接改善城市的视觉印象。同时,把城市形象设计延伸至城市产业、企业、产品、企业家发展以及城市文明建设等各个领域,丰富城市形象内涵和社会带动效应。如北京,将传统文化以视觉的形式延伸到奥运会的各个方面,取得了很好的效果。所以,重视视觉形象应该重视视觉形象的延伸。

重视视觉形象,应该增强视觉形象的冲击力。一方面,在视觉形象的设计上需要紧扣城市品牌形象核心理念,充分提取城市核心元素,从中挖掘与众不同的形象,作为树立城市品牌形象差异化的突破口。另一方面,加大宣传的同时,还应该注重城市理念的推广,城市的服务、市民精神面貌、政府的办公效率等都会影响到城市品牌形象的塑造,必须多管齐下。城市发展离不开继承和创新,所以,正确处理好传承和创新的辩证关系,处理好历史与现代的视觉差异。尤其是对历史遗留下来的古迹,作为城市文明的精髓,应当反复强化,借用其形象设计成一个系列的视觉形象;发展不能一味追求现代时尚,盲目模仿只是舍本逐末,从而失去个性、分散了城市视觉冲击力。就像苏州市的城市品牌形象,既包含了现代化也有历史文化。

(二)重视品牌建设的系统性和城市定位的明确性。

品牌的建立就是对现有城市形象进行优化,同时品牌的确立也帮助城市明确城市的发展方向。不同城市的自然条件、地理区域、人文历史、社会经济、人口规模等方面都存在差异性;城市品牌形象塑造应该优化发展战略。建立城市品牌形象之前,必须确定城市的定位方向,在明确的定位的基础上塑造品牌,才能取得事半功倍的效果。品牌的建设必须是一个系统的完善的规划方案,包含了城市的发展定位、城市精神、城市口号、城市的视觉识别等,必须全面规划,反复完善,最终进行推广,实现城市崭新的城市面貌。在城市发展的不同时段,可能会出现经济结构的变化、自然环境的变化、人口流动变化、重大节事活动等,同一城市也会出现差异性,因此,城市发展战略需要根据城市定位进行动态调整优化,确保城市发展方向科学明确,城市理念识别特征突出。比如北京城市品牌形象借助奥运会传播开来,后奥运时代又积极调整,完善城市品牌形象。所以,城市只有清醒认识自身,实事求是地提出具有本市特色的战略方案,规范、监督城市建设,上下 心,城市的凝聚力才能得到根本的增强。

(三)城市品牌形象的塑造需要重视自然环境

不同城市因为地理区域的不同,自然资源会有很大区别。自然资源是一座城市赖以发展的优势之一,对待自然环境,如果给予足够的重视并加以利用，城市建设就会锦上添花；如果目光短浅、盲目开发，自然环境就会遭到难以挽回的破坏，还会影响城市形象的塑造。例如青岛，利用海岸线资源，发展帆船业和海洋相关产业的同时进行管理和保护，获得了丰厚的回报。

（四）城市品牌形象的塑造应当注重传承

城市历史文化是一座城市的过去和现在，历史文化的缺失，品牌的塑造如同无源之水，没有魅力。城市的历史文化是与城市的环境资源高度融合，是城市在长期发展中逐渐形成的积淀，而非一朝一夕，一蹴而就。城市的历史文化是经过千百年积淀形成的，记载了当地人民的奋斗历史、精神风貌和习俗民情，具有鲜明的个性。将历史文化融入城市品牌形象，在推广过程中，可以凝聚公众注意力，同时使外地公众增加对城市的兴趣和向往。我们再塑造城市品牌形象的时候，既需要继承特色，更需要推陈出新。城市文化发展的目标是有内涵、有魅力、有吸引力，城市品牌的形象会因此得到提升。目前，越来越多的城市举办各种形式的文化活动，如哈尔滨冰雕节、青岛啤酒节、大连服装节、潍坊风筝节、泰山登山节、曲阜孔子文化节等，展示了历史文化的传承，丰富发展了城市文化，有效地增强了城市形象的影响作用。

（五）城市品牌形象塑造应重视塑造体验环境

城市的道路、广场、喷泉、雕塑、路灯、栏杆、标志、指示牌、公共汽车站牌、各类户外广告等都应该进行系统的规划和设计，协调彼此间的关系，不能机械重复，杂乱无章。道路在城市中起着举足轻重的作用，不仅要考虑其运输和通达能力，还要从外观、色彩、环境、空间组合等角度考虑其美学功能，追求道路的横向美、路网美、线形美、交叉口美、绿化美和服务设施美等。街头巷尾是最能显示城市脸面的地方，应作为改善城市视觉识别的重要内容。如杭州市在道路美化方面做得很出色，利用城市标志制成的栏杆，美观大方。

（六）整合传播资源

塑造城市品牌形象需要在城市内部建设的同时进行对外宣传，而宣传的所有信息要用同一种语言宣传城市品牌，用不同的媒介推广城市品牌，这样才能有效地提升城市品牌的形象。所以，城市品牌形象的宣传要重视传播信息的整合和传播工具的整合,这样不仅统一了城市形象也扩展了宣传范围。整合媒介资源可以利用电视、报纸、网络、杂志、户外、画册、展板,特别是自媒体等多种手段,以及公关、事件营销、直销营销等其他传播手段开展360度品牌传播,对目标公众的覆盖面比较大,有效到达率也比较高。

城市作为人类文明的最高聚居形式,归根到底的功能是服务于人,城市的发展也是为了市民生活质量的提高。中国的城市化率已经突破50%,大量的城市遇到各式各样的发展问题,建立城市品牌形象为今后城市的发展提供了新的思路。建设者应该转变思路,不能仅仅是从经济建设中着手,更应该从城市本身去量身定做发展方向。城市发展的方向有很多,但保证城市的特色是关键。每个城市都有它独特的地域风景和人文历史,这就是城市的风土人情,就是这座城市的形象魅力所在,是不可复制的个性所在,也是风格最为浓烈也最容易识别的特点所在。

所以,对于一座城市,管理者要了解城市的过去和现在,制定合情合理的规划方案,一座城市的品牌可以融合现代元素和历史元素,和谐共存并不矛盾,关键在于品牌定位要符合基本城市情况,制定切实可行的方案,通过视觉形象的塑造将品牌推广出去。

(七)城市品牌形象塑造应重视旅游业

旅游业可以说是城市树立良好的品牌形象、扩大对外宣传重要的渠道之一。一个品牌产品广告只能提高一个产品的知名度,而口碑则需要用户亲身体验后的得出感受,通过口口相传的方式进行传播。这个产品"我"用过,感觉不错,推荐给"你","你"用了也不错,再推荐给其他人,在这个过程中,产品的良好口碑逐渐确立起来。城市的品牌形象也是这样,游客是亲身体验过这个城市品牌的人,他们感知了这座城市的各个方面,通过MOT(真实瞬间)获得感受,形成对城市的初步评价,并进行口口相传。所以,塑造品牌形象需要重视旅游业的发展,管理旅游市场秩序,通过旅游业带动城市品牌形象的推广。

(八)城市品牌形象塑造应具有专门品牌机构实施和监督

城市品牌形象的塑造是一项长期并且复杂的工程,对品牌的宣传、推广、反馈等需要专门的机构进行管理和监督,并且具有一定的限制权力和建设权利。例如,中国香港构建了专业的营销组织,主要由中国香港特区政府政务司司长和政府新闻处以及海内外15个办事处组成,政务司和政府新闻处是城市品牌运营的核心领导部门,承担城市品牌运营的协调和规划。中国香港在内地及海外设有14个经济贸易办事处(经贸办)及一个驻北京办事处,负责推广香港城市品牌"亚洲国际都会"。再如伦敦,其专门的品牌机构包括伦敦发展署(London Develop Ageney)、伦敦第一(London First)、伦敦旅游局(VisitLondon)、英国贸易与投资总署(UK Trade & Investment)、伦敦投资局(Think London)等。伦敦的品牌机构拥有很大的权力,属于市政府决策的领导层,有权参与伦敦所有对外活动的策划与实施,可以确保伦敦的每次公关活动都有统一的形象,从而保持连续一致的品牌形象。城市的运转需要完善的管理机制,城市品牌的塑造,也需要专业化的机构去长期负责,这一点必须重视。

第四节 视觉形象设计中城市品牌形象塑造的路径

一、城市观念的创新

解读一座城市可以有多个角度,迄今为止,研究者主要是从历史、经济、政治、社会、民俗等方面研究城市,还没有从观念角度解读城市的著作。事实上,用"观念"解读城市,是把握城市本质的一个很好的视角。如果把一座城市比作一部大书,那么,"观念"则是这部书的精神主旨。读懂一座城市的"观念",才算真正了解这座城市。

新的世纪城市观念,不仅仅体现时代精神的观念,更要以文化论输赢,以文明比高低。要跳出满足一般功能、改善现状、最后落入同质化无差别的城市建设怪圈,树立功能的、科学的、文化的、亲和的、审美的、时尚的城市观念;形象设计力求"功能上的科学""文脉上的延续""风格上的独特""视觉上的审美"和"经济上的可行"。

实施城市形象工程,重要的是从城市建设者到市民群众都要转变观念,在认识上要充分重视城市形象这一无形资产在城市发展中的长期潜在作用,这就要求决策者要转变一人或少数人拍板的长官意志作风,从以下六个方面加以改进。

(一)人文观

城市形象要体现以人为本。把人民的利益放在首位。要以科学发展观为指导,坚决杜绝以"政绩"为目的的"形象工程"。城市不应该是钢筋水泥的森林,应当是一种情感的家园,城市规划、设计、表现等处处都要体现人文关怀。尽管城市建设者和市民对城市形象个性化的理解和要求不同,但他们对城市形象却有着共同的理想和要求。城市形象个性化既要有共性的需求,又要在城市形象的不同层面上满足各自的独特需求。

因此,要以不同的形式或渠道,广泛征求和听取他们的意见和建议,使我们的城市形象设计,能充分体现这个城市的主人的意志。只有市民对自己所在的城市产生认同感、自豪感、愉快感,才能自觉维护城市形象,增加对城市的向心力,提高城市的进取意识。

(二)科学观

城市形象塑造要本着全面、协调、和谐的可持续发展的观念,要对发挥什么样的城市功能做一个很好的定位和科学的规划。

政府要以一种科学、文明、开放的态度把城市形象规划设计变成一种公开、透明、能够经得起历史考验的决策[1]。政府的行为、官员们的认知水平都有一定的局限性,因此要调动社会的各种力量(民间的、专业的、国内的、国外的)完善城市形象的定位及表现。

城市形象的设计和规划要有战略眼光和前瞻性,特别是要可持续发展。著名偶学大师、国际中国哲学会荣誉会长、美国夏威夷大学教授,年已八旬的成中英先生在接受访谈时就提出:"在今天,乡村城市化比较容易,但我们却不能不进行另一工程,即城市乡村化。即是把美好的大自然气象引入城市,使城市也有林木山泉之乐,形成一种幽静与典雅。"

城市形象的设计和规划的可持续发展,还要有长期坚持的权威性,不能因领导人换届而不断改变其定位。

(三)国际观

随着交通、通信、互联网的高速发展,传统的时间和空间的概念在变化。因此城市品牌形象塑造要有开放的思想、面向国际的观念。在突出地

---

[1] 经营城市解决方案[J]. 领导决策信息,2003(11):29-63.

域特色、民族特色的同时，还要考虑与国际的接轨，处理好地域性、民族性与国际性的关系，使其在世界经济大潮中获得更多的机遇。

创意经济时代是伴随着信息社会化、全球化经济时代到来的。文化全方位的即时传播和应用、世界范围的人才流动与争夺，创意产品的生产和行销，知识产权公约和法规的保护，全球宽带数字多媒体网络的建立，科技与文化的交流与合作等，都极为明显地体现出创意经济时代的全球化特征。城市建设不能不考虑信息社会化和全球化这一特征，因此"数字城市"的概念已经提前提到了桌面，如何适应全球化的问题已经刻不容缓地排到日程表的首要位置。

所谓"数字城市"与"园林城市""生态城市""山水城市"一样，是对城市发展方向的一种描述，是指数字技术、信息技术、网络技术要渗透到城市生活的各个方面。这将深刻改变人们习惯的工作方式，生活方式甚至风俗和思维方法，它也是城市国际化的必要条件之一。

（四）文化观

城市建设是一个历史范畴，在塑造城市文化环境时，应该立足当代，继承历史，展望未来，需要从自己文化特色的基点上进行再创造，才能够避免千城一面、彼此雷同，才能够使自己城市的形象特色脱颖而出。一个文化底蕴厚实的城市发掘并将这种文化精神贯穿于城市形象的建设中，是城市形象特色的内在精神。

建设一座城市，首先要知道如何保卫这座城市，否则就会出现拆东墙补西墙，得不偿失。如有建筑家所批评，中国的城市建设忽视城市生存品质、文化内涵和历史魅力，文化与历史像建筑垃圾一样被清理出城市。一座失去记忆的城市，从此淡漠了乡愁。与大地山川承载记忆不同的是，城市成了浮世不安与居无定所的象征。

以文化促经济，以经济促文化，形成良性循环很重要。应该有意识地加强商业品牌方面的文化内涵，将城市文化与人们的衣食住行联系起来，例如商标注册、建筑形象设计、城市区域与街道命名、媒体节目制作、产品开发项目等，都可以有意向文化倾斜。用文化塑造公民品格、塑造城市形象。

（五）审美观

城市不仅仅是实用的，也是审美的。随着建筑技术的日益成熟，功能性已成为它的最基本、最普遍的属性,审美性因而更加凸显。因此,城市建设规划在考虑它的功能性的同时,更要考虑它的艺术性。因为人类的本质属性就是创造和审美,建筑物不同于蜂巢,它已经不是简单的生存需求,更是审美的需要。城市建筑尤其如此。

美从来就是一种整体的和谐。要使建筑这一凝固的音符协调成一组和谐优美的城市交响乐。要拒绝只考虑个体如何出奇制胜,或很少考虑个体与整体的协调的建筑。城市要有自己的城市建设艺术委员会。从城市的整体布局、空间形式、色彩到干道、街区、广场、建筑物的造型、布局以及与周围环境的协调等,都要进行美学意义上的艺术评估,然后实施。

(六)文脉观

珍惜老祖宗遗留给我们的优秀的历史遗迹;整治旧城应该从实际出发,尊重历史,珍视现状;追求"有根"的现代化。这就需要我们去深入研究城市的演变过程,挖掘它的文化内涵。最重要的是要做到在城市建设过程中既尊重历史,又发展城市。既要保持自己的历史文脉,又能适应城市高速发展的节奏。

为了长远的利益,一定要把塑造城市形象提到战略地位。城市形象的个性化,是涉及千家万户的事业,大家的事情要大家参与,充分发扬民主,实行专家、民众通力合作。城市形象战略目标的实施,要关注公众的利益和要求。要兼顾公众利益,整体效益,生态效益以及城市的经济利益。下面提出几个保护方面的建议。

1.时间性保护体系

所谓时间性保护体系就是根据城市的自然历史文化条件,制定不同历史时期建筑、文化等方面的保护方案,在拆得已经七零八落、所剩无几的建筑中挽救"幸存者"。城市特色的形成不可能在一夜间完成,它是一代又一代人心血的堆积,是一代又一代人智慧的积累,也是一代又一代人生活的缩影,像罗马——世界上最古老的城市之一,它建于2700多年前,这里有公元前573年到公元476年罗马历史最辉煌时期的神庙、宫殿、凯旋门、浴场等雄伟的建筑,尽管都已是残墙断壁;这里有15世纪文艺复兴时期米开朗琪罗、勃拉蒙特、拉斐尔、塞里尼等大师的传世之作;这里有17世纪贝尔尼尼等人的巴洛克艺术精品。这些经历形成了罗马城今天的特色,是任何一个城市所没有的,也是任何一个城市所不能模仿的。比如济南,它同样有自己悠久的历史,同样有与其他城市不同的经历,有着不同时期遗留下来的精美建筑,虽比不上那些经典城市,但也不是其他城市所能模仿的。因此,保护不同时期遗留下来的城市遗迹,制定城市时间性保护体系是城市形象个性化设计基本原则中非常重要的一条。

2. 地方性保护规划

城市从一开始就具有地方性。从人类"定居"开始有了建筑,三个元素缺一不可:地点、材料、建造方法。可见,建筑是人所需空间和特定地点以一定方式的结合。海德格尔认为:"在将空间与地点相结合,地点从而得到确立之中,建筑实现其本质。"在早期由于不同的地方信息闭塞、内向封闭,在独特的自然条件和资源以及民俗习惯影响下,产生具有地方性特征的建筑与城市,而由于经济能力、技术发展水平及交通条件的限制,人们又通常更多地受制于自然条件,只能依赖地方材料和地方技术来解决这些地方问题,因而不同的地域的建筑皆具有鲜明的特征。在与文化习俗的互动影响中,这种特征更是进一步得到强化。进入工业社会后,空间营造变得可标准化,建筑活动实现了大规模的生产化。现代建筑在相当长一段时间内都旨在创造一种具有普遍意义的建筑模式,建筑在经历了一场革命后,给全世界的城市和建筑穿上了统一的制服。但城市毕竟不是"机器",机器没有地点的限制,而城市是不可移动的,是受地方性限制的。当地方性的差异被忽略不计时,城市特色趋于一致。济南与其他城市相比,地方性最显著的差异是自然地质构造的不同,泉水的涌动带来了其他城市的不可复制性,依泉而居、傍水而眠的建筑特色因此形成。随着经济生产规模的扩大,地下水的过量开采,泉城傍水而居的生活场景正在逐渐消失。因此地方性的保护规划,就是保泉、保山、保湖。南部山区是济南泉水的补给站,应避免它的进一步开发,挖山建房无异于杀鸡取卵,目前这种在建项目依然很多。

3. 整体性与标志性保护系统

城市是一个庞大、复杂的系统。城市各要素不会孤立存在,也不是一个简单的集合,而是各种内外部因素相互作用下的城市系统整体。尽管城市特色客体包括一个个单独的、丰富多彩、富有个性的个体要素,在局部地段也可能体现出不同的空间特色类型,但城市特色依然是调和、平衡了多元与统一的关系后形成的总体形象、总体风貌。意大利建筑师阿尔多·

罗西在他的《城市的建筑学》一书中,认为城市是由他的"标志"(英译本用Landmark,里程碑)和"母体"(英译本用matrix)两类建筑组成的。虽然"标志"性建筑,更能引人注目,但始终潜隐于人们的头脑之中还是每个城市中那些林林总总的普通建筑——"母体",成为阅读和识别城市的重要基础。人们认识北京,除了天安门、故宫,主要还是通过它的胡同和四合院理解北京的居住文化;同样,人们认识老上海,除了国际饭店、百乐门等之外,主要是通过它的里弄和石库门。每个城市的"母体"建筑的形态,都是城市特色的主要内容,如法国的芒萨屋顶,德国带斜线的方格墙面、意大利的半圆拱券窗和外廊等。

"母体"一词来源于英译本的matrix,matrix在数学中被译为"矩阵",在生理学中被译为"子宫",张钦南先生将其译为"母体",指的是城市中的多数、一般建筑以及它们的组合方式,这些建筑是城市的基础单元,决定了城市的基本性格。城市的标志建筑通常是其母体建筑的派生物。"母体"建筑是多数,"标志"建筑是少数,像常说的"万绿丛中一点红",像常说的"主角与配角"。"主角"是城市的建筑主群,主体和主题,是城市特色的主要外显;但一个城市不可能到处充满主角,它还有大片的甚至占大多数的灰色地带,构成陪衬主角的背景即"配角",逐次辉映,相得益彰,城市特色尽显。当前的问题是不论业主、长官还是设计者,大都希望甚至认为,所经手的建筑项目都应当是"地标""标志性建筑""独一无二""和谁都不一样""50年不落后""同国际接轨"等这样的"主角"。因此原本处于"配角"位置的建筑和街区就骚动不安,人人都是主角,人人也就都不是主角,城市特色自然就一片混乱,新的不新、旧的不旧、高的不高、中心太多反而失去了中心、标志性建筑太多反而找不出标志性建筑了。比如,老城区平稳的建筑,衬托着那些造型突出的著名历史文化建筑,总体上平静的老城区,又使得德方斯新区的玻璃和钢筋混凝土高层建筑区,更显现代风姿。

前面分析城市特色的时间性时,我们知道城市特色不是一天两天形成的,城市的标志性建筑群需要经过长时间的保护,或者说是拥护、彰显它的特色,要求它周围的建筑勇于担当"配角"。这种地位不应因为换一届政府、换一个领导人而改变;不能因为一时经济利益的驱动而改变它、毁坏它;也不能因为技术材料的进步而轻视它。这也要求标志性建筑群确实有实力能代表城市的特色,能经得住历史的考验。我们的城市建设,只是历史长河中的一小段,我们的责任是承前启后,而不是摧毁重建。

暂时搁置。近30年来,中国在城市现代化进程中被拆除的具有历史意义和文化价值的古建筑数量惊人,数百年甚至千年的遗存瞬间就化为垃圾。拆除这些建筑有很多理由,都是必须拆的,众多专业人士的反对,都无济于事。事隔多年以后,恐怕连当年拍板决定拆除的人也已后悔,时间不可能倒转,建筑无法重生。鉴于此种情况的屡屡发生,有必要提出"暂时搁置概念"。

"暂时搁置"只能是暂时的,是鉴于对城市保护认识不清,而又急于求成状态下的一种缓冲措施。因此我们有必要认真研究国际上城市保护理论的发展,探索我们的应对方式。国际上城市保护理论的发展大约经历了三个阶段。第一阶段,历史保护运动的基本策略是保护单体建筑、构筑物和其他遗迹,采用的方式是博物馆冻结式保存或封存(preservation),强调对变化进行限制。第二阶段,保护历史街区、历史城市。1975年欧洲议会决议案中提出了"整合性保护"(integrated conservation)方法,强调变化是不可避免的,但需要加以控制。第三个阶段,1987年10月,《华盛顿宪章》提出保护必须是城镇社会发展政策和各项计划的组成部分,要有居民的积极参与,要立法以确保长期实施。1990年,"让市民走进身边的历史"成为主流。城市保护由文物古迹、地段保护发展到城市自然环境、人工环境、文化特色的综合保护,所关注的议题从美学意义的城市景观扩展到作为城市生活终极表现的公共领域。也被称为"社区建筑"活动。

两院院士周干峙对此予以肯定:"让居民自觉地修缮旧房,是最终、最有效也是最理想的解决危房问题及风貌保护问题的办法。""危房改造工作必须从过去以开发为主体转变为以居民为主体,应制定合理的政策,提倡居民参与小规整治。"两院院士吴良镛认为:"简单地用房地产开发的方式改造旧城是很难成功的。如何组织好居民的力量,是解决危房问题的关键。必须承认,一个城市的活力正是孕育在最为广大的民众之中。"中国现存的传统建筑、传统地段已经少得可怜,再也经不起开发商的大规模建设,暂时保存起来,多了解国内外的发展经验,慢慢研究,小规模实施。把我们的建设热情用到新城区建设,留下一些老城的美好回忆,为城市形象个性化建设留下些发展的根基。

二、城市地域文化的传承与发展

城市地城文化的传承与发展主要从以下几个方面进行。

(一) 把握定位

准确的城市形象定位,有赖于对城市历史演变和未来发展趋势的深层理解,和对于城市形象资源优势的充分挖掘。视觉识别是基于定位而展开的对历史传统、地城文化、民族特色与现代化前景的融合与表现。

(二) 凸显特色

凸显特色就是凸显该城市赖以成名、独一无二的特色,挖掘该城市特有的文化符号,融入现代化的设计,强化视觉感受。视觉感受是城市形象最直观的部分,一切视觉景观如建筑景观、道路交通景观、商业景观、旅游景观、人文景观等都是城市形象的特色基础。

(三) 强化整体形象

强化整体形象就是通过一系列形象要素的有机叠加集合,形成和谐统一特征突出的城市整体视觉形象。比如建筑物体量、高度的控制;建筑物(群)造型、色彩的定位;地域文化元素在道路、照明、街区小品、建筑等的利用;特色街区的主题确定;加强景观联系,突出整体特色等方面。

(四) 两个条件的完美结合

城市所具有的科学技术和智慧条件与自然和历史文化条件完美地结合并延续发展。从历史文化学、建筑美学的视角,就城市形象塑造观念、(人文观、科学观、国际观、文化观、审美观、文脉观)、城市形象塑造思路、城市形象定位、城市形象设计、形象识别系统等方面对城市建设进行多元、系统、超前的规划和有效地实施,是摆在城市建设决策者面前的一项事关当代,维系未来的重要使命。

(五) 文化产业助力城市形象的提升

经过近30年的发展,"千城一面"的城市形象已经形成。尽管城市面目如同流水线的产品一般毫无个性可言,但城市与文化产业是共生的,它无时无刻在以隐性或显性的形态影响着城市。特别是在文化大发展的今天,许多城市都在寻求转型,此时,我们如果能够结合城市性质、城市定位来激活沉睡着的文化资源,用足用好文化资本,与其他产业形成互动和融合,就可以拉动城市新的增长点;也可以让城市成为文化产业发展的土壤,拓展文化产业发展的容器,把城市建筑、环境、音乐、设计、影视、动漫、风俗等要素作为文化产业创新的孵化器。城市为文化产业提供发展空间,文化产业通过文化有形的产业化(眼球经济)和无形的传播使城市形象得以提升。竞争战略之父迈克尔·波特曾认为:基于文化的优势是最根本的、最难以替代和模仿的、最持久的和最核心的竞争优势。

今天看来,文化产业也是城市形象定位的组成部分,它可以通过自身发展的规模与特色成为城市形象定位的独特记忆点。文化产业的品牌影响力会极大地助力城市品牌形象影响力。中外城市都有成功案例,如首尔的"时尚之都"、深圳的"设计之城"、伦敦的"文化创意之都"等。

文化是一个城市的根、是城市体的灵魂,它以独特养料滋润着城市,使其鲜活灵动。当今的城市特色正在消失,而文化当是唯一的"救赎",它是使一个城市被公众记住的一张特有的名片。

三、差异化发展思路

与科技的发展(如物理、化学、飞机制造、航空航天等)追求最新的,淘汰旧的不同,城市形象与一个民族的历史、文化关系更为密切。城市设计要讲文脉的传承,要关注那些古老的、传统的东西,要向后看一看。因为不向后看是不可能更好地将传统与现代、古老与时尚有机结合的。

城市个性的消失不仅仅是某一个城市的问题,那是一个历史阶段城市观念和利益驱动下的特有现象。在已经"千城一面"的大背景下,在一片"现代化""国际化"的声浪中,城市的发展应该向何处去?是在"现代化""国际化"口号下与其他城市一起走向新的同质化,还是结合自身的特点和优势走差异化发展的道路,我们面临新的选择。以济南为例,就其的影响力、经济实力而言,它无法与北京、上海、深圳这样的大都市相比,甚至目前还远远落后于一些兄弟省份的省会城市和省内其他城市,一般的"现代化""国际化"之路显不出济南的特色和个性。而济南具有的独特的地理空间和不可复制的历史文化资源又是其他大城市所不具有的。因此,在目前中国的城市已进入同质化的今天,在城市形象发展上走出一条彰显民族性和地域特色之路,应该是我们的首选。

独具个性的城市特色的形成,须有三个必要条件:一是城市所处的特定的地理空间条件;二是漫长时间所积累的历史文化条件;三是当前城市所具有的科学技术与智慧条件。前两个条件是古人所遗留下来的,而当今城市特色的形成,则取决于现在的建设者们如何利用这些自然条件和历史文化条件,发挥现代科学技术,使之完美地结合起来,延续并发展下来。从历史文化学、建筑美学的视角,就城市形象塑造观念,(人文观、科学观、国际观、文化观、审美观、文脉观)、城市形象塑造思路、城市形象定位、城市形象设计、形象识别系统等方面对城市建设进行多元、系统、超前的规划和有效地实施,是摆在城市建设决策者面前的一项事关当代,维系未来的重要使命。

城市形象的差异化建设的前提是对城市的定位,新形象定位可以考虑以下几个原则:准确性原则,要符合城市自己的形象,与城市的身份相称、相符;新颖性原则,要有新思路、新表现;个性化原则,结合城市的文化、历史背景、风土民情等,凸显自身的个性。

成功的形象定位应符合以下必要条件:具有独特性,不与其他城市雷同;具有超前性,且其他城市无力模仿;继承城市原有文化特征;突出城市与其他城市的差异性;有利于城市政治、文化、经济的发展;能体现社会各阶层的共同意志。

四、城市规划设计体制的变革

当下城市建设取得了很多辉煌成就,但在实际运营与建设中出现了许多问题和缺陷,将规划设计体制中的缺陷和不足暴露出来。

第一,规划弹性不强,缺乏不确定因素的适应性。造成规划的频繁突破和修改,调控功能也无法充分发挥。最简单的例子就是几乎中国每座城市的每条马路都有"补丁",每个人几乎都经历过马路重挖的场景。

第二,重开发、轻保护、破坏历史文化遗产的现象频发。每年都会有数百座历史文化建筑遭到拆除,取而代之的是大型商贸中心、写字办公楼、高档社区、工厂等建筑。在规划设计体制中并没有把保护城市文化遗产摆在重要位置上,导致在规划过程中对古建筑的不重视,保护工作步履艰难。执政理念的形成有其历史和现实的原因,改变也非一朝一夕,这就需要强有力的外力介入,为古建筑的保护工作助理、助力。这就是要用"法律"和"问责"这两把利器来改变这种局面。

要提高法律规定的处罚力度。例如,"毁坏文物造成严重后果的,处5万元以上50万元以下的罚款"。区区50万元与商业开发的巨大收益相比,微不足道,至少要在50后再加两个零。第二把利器是"问责"。中央在加强反腐斗争中强化了问责制度,对于在管理中忽视甚至力主古建筑拆毁的主要干部和部门,要追究其责任,这有助于扭转现状。在一轮一轮的城市大拆大建中留下的具有历史价值的古建筑已经所剩无几了,再不保护将是历史的罪人。留住文化根脉,才能守住民族之魂。只有将"文物保护"和"现代化""城镇化"统一起来,才能避免"千城一面"的尴尬,我们的城市化也才能向着健康的方向步入正轨。

第三,监督机制不健全。推进行政和技术法规修订工作及安全规划制约和监督机制,进一步完善"政府组织、专家领衔、部门合作、公众参与、科学决策",力求规划体现以人为本,使各方有合法充分的诉求渠道。

城市规划设计体制应该体现对各类资源有效地保护和空间管制,体现出"刚性"与"弹性"的结合,一方面对不可再生资源的保护,尤其是对古建筑、文化遗迹,注重长远发展的宏观调控;另一方面,对不确定性因素要有足够适应性,不同项目具有包容性。具体要进行以下三个变革。

第一,要彻底变革城市建设就是工程建设观念。城市管理者在建设城市的过程中,审批了许多大型工程,以体现城市的发展和进步。但是,形象建筑、广场公园、机场车站等形象工程的建设只能在短期内体现城市的变化,从长期来看,并不能塑造独特的城市形象,城市建设不应该只是工程建设,还需要保护和维持城市最具特色的文化与历史。

第二,要彻底变革城市建设就是经济建设的思想。不能片面地认为城市发展是经济发展的结果,也不能认为经济增长了才能把城市建设好。发展经济只是手段,城市建设的目的是以城市规划为依据,对城市人居环境进行改造,最终服务于城市运行。

第三,要变革对待争议项目时的策略,树立暂时搁置概念。将具有争议性的建设、拆除、改造等项目方案暂时搁置,以避免改造失误带来的遗憾。人们对城市建设和保护的理念也是在不断完善的,解决城市问题的方法也越来越灵活,具有争议的项目方案,不该再进行下去。

五、城市建设运行机制的创新

城市品牌形象的塑造是一个长期的积累过程,需要数代城市建设者的不懈努力;同时,城市间的竞争逐渐加剧,环境瞬息万变,需要不断地对城市品牌形象进行强化和升级。所以,城市建设的运营机制显得尤为重要。

在实际品牌形象塑造过程中,如果对城市过去的辉煌念念不忘,与相对较弱的城市相比沾沾自喜,运行机制故步自封,就不会给城市带来快速的发展。城市建设运行机制必须不断升级和更新,推陈出新,用新型运营机制强化城市品牌形象,积累城市凝聚力,提升城市品牌形象的价值。

城市品牌形象塑造最重要的是要建立测评机制和反馈机制。测评机制是在品牌创立之后,为了确定塑造的品牌形象是否按照定位的方向发展,是否体现出了城市的核心价值和精神以及在定位、设计及营销方面是否达到了应有的效果,通过规定的标准对品牌的发展情况进行效果测评。反馈机制是对效果测评的结果进行分析,发现问题后再反馈给考察、设计、推广和营销等环节。这样可以使各个环节的工作人员都能清楚地了解城市品牌推广的效果,做到心中有数,为完善和改进工作提供对比标准和指导思路。

深圳市的做法值得借鉴,该市人民政府依据《深圳市城市规划条例》设立了"深圳城市规划委员会"作为法定机构,委员会由专家学者、社会人士和公务员构成,按程序对各层次规划冠行审批职责。

市规划委员会由29名委员组成。委员包括公务人员和非公务人员,其中公务人员不超过14名。设主任委员一名,由市长担任,设副主任委员两名,由常务副市长和主管城市建设的副市长担任。其余公务人员由各区区长、计划经贸口、文教卫口、农林口、城建口等代表组成。非公务人员由有关专家和社会人士组成。

这个城市规划委员会的结构构成的一个亮点是有了一个"建筑与环境艺术委员会",在以往一直强调城市功能的忽略审美功能的背景下,开始重视城市视觉形象的建设,在近30年来城市建设中以机构功能的设置体现城市审美的屈指可数。只是机构中主任委员与副主任委员中皆为官员,专业的建筑设计师的缺位是个遗憾。

法定图则制度第25条:法定图则草案经市规划委员会初审同意后,应公开展示30日,展示的时间和地点应在本市主要新闻媒体上公布。第26条:法定图则草案在公开展示查询期间,任何单位和个人都可以书面形式向市规划委员会提出对法定图则草案的意见和建议。从以上做法可以看出,城市规划决策民主化的意识在加强,这有助于避免长官意志、缺乏科学意识的权力过度干预。

六、新媒体时代的城市品牌形象传播

城市品牌形象传播是一个系统工程,它绝不是可以随意拼凑、随机组合的元素系统。城市形象品牌传播是城市的价值判断、历史基因、文化追求、生活习俗的有机表现,是城市品牌形象的感性形式,承载着城市的梦想和未来。

城市品牌形象传播的核心要素是城市理念、城市的差异化定位,其次才是创意和制作。如果把城市品牌形象传播看作是对城市区位优势、空间布局、现代化程度、繁荣的商业、繁华的街区等这些城市外在要素的感性展示,便失去了城市品牌形象传播的要义。

(一)城市品牌的影像传播

城市品牌的影像传播形式即城市形象片。由金定海教授主持的《中国城市品牌传播研究》项目组对当前我们所看到的城市形象广告片进行了以下分类。

第一类是城市宣传资料片,一般由城市政府主持,对城市的政治、经济、城市建设、文化、历史、人文等做全方位陈述。其广告的时长甚至可达30分钟以上。

第二类是城市旅游形象片。由城市政府或城市旅游主管部门牵头,对城市的主要景观做游历性扫描。

第三类是城市招商形象广告。侧重于城市经贸发展介绍,展现城市优势资源和良好的投资环境。

第四类是与大型活动相配合的城市形象宣传。如2022北京冬奥会前后北京的城市形象宣传片等。

然而,尽管以上各类城市形象广告都在不同层面、不同角度展示城市优势,但城市的主体性特征不明显,缺乏独特的城市主张。因而难以形成特定城市的品牌识别,因此,凝练城市的独特人文、准确表达城市的差异化定位、形成对城市理念的单一诉求,是城市形象广告区别于城市宣传资料片、城市旅游广告、招商广告的基本要素。

1999年山东省威海市为发展当地旅游业,做出了以广告传播吸引八

方游客的决策。为形成差异化竞争,广告采用了"一个新的创作思路,那就是从单纯的宣传个别旅游景点转到推介一座城市;从宣传景点形象转到宣传城市形象;从发掘景点特色转到发现城市之魂"。"城市广告不再把焦点对准城市中的某个别事物,而是综合考察整个城市,通过城市中各部分资源的组合。产生一种整体的冲击力,表现和展示城市形象。威海的独特地理位置、著名历史事件、和谐的城市景观,宜居的城市条件被组合到一起"。威海市的整体形象得到这样的展现:"这里弥漫过甲午战争的硝烟,这里被秦始皇称为天之尽头。如今,这里是世界上最适合人类居住的范例城市之威海,CHINA!"

又比如北京的形象片"到胡同去"。就以北京的胡同文化为切入点,清晰地传达了北京的胡同建筑风格,再配以轻快的音乐给受众留下了鲜明的城市印象;如上海的形象片"海纳百川篇",则通过上海与海外知名城市的类比,展示出上海文化的丰富性和包容性,无论是广告表现符号,还是广告诉求点,都独具特色;成都的形象片"一座来了就不想走的城市",以讲故事的形式,生活化地传达了成都的城市特点;哈尔滨的形象片"I Love Harbin"则体现哈尔滨独特的俄罗斯地城风情以及人们对艺术的热爱,独特的俄罗斯曲风极富跳跃性和活力,从而风格独具。

城市形象片是城市品牌锻造过程中最后一公里的催化剂,是城市历史文化、城市理念及其视觉展示的集中表现,对城市品牌形象的影响力不可小觑。因此,城市形象片在城市品牌传播中应该强化城市视觉识别的差异化。在融汇历史文化的差异化、追求城市理念的单纯化、城市定位的准确化、表现符号的单纯化、表达情感的归属化等方面下足功夫。在传播策略方面更应该解决好"说什么?""怎么说?"(诉求内容、表达风格)"对谁说?"(片子给谁看、适应观者的价值追求)"何时说?""通过什么渠道?"(选择什么时机节点、通过什么媒介投放)这五个问题。

(二)新媒体时代的城市品牌形象营销传播

城市品牌形象也可借助新媒体进行营销传播。网络时代的营销策略与以往的传统营销大规模宣传推广获取知名度的方式不同,采取先做口碑,最后做知名度的策略。

1.城市品牌形象的营销需要先取得市民口碑

城市品牌形象就像产品品牌一样,要有良好的用户体验、满足人们的需求,超出公众的期望,才能获得良好的口碑。做口碑需要完善以下三个方面:一是城市形象要精细。城市的视觉形象设计一定要完善,既符合城市地域特点又要体现城市核心价值;二是城市品牌形象一定要有明确的品牌定位;三是城市品牌形象的维护和强化。相关活动、宣传片等时常更新。

2.将口碑转化成公众对城市的关注度

具有良好口碑的产品会获得消费者的忠诚度,城市品牌形象同样是这样。当城市品牌形象取得市民良好口碑之后,由内而外的品牌塑造,通常具有爆发力和穿透力。由市民自发宣传开始,带动周边人们对城市的关注,引发人们对城市的向往,完成最初的关注者圈子的建立。这个过程可以不断地向外进行辐射和影响。

3.使公众关注度形成美誉度

当关注度到达一定水平之后,就需要想更多公众圈子进行扩充,不能仅仅局限于周边的关注。其一,利用社会化媒体进行事件营销。如微博对于陌生人之间的营销和事件性宣传具有非常好的效果,与城市相关事件可以借助微博在陌生人之间迅速传播。另外,社会化媒体营销是一个互动过程,首先是要传播和发布对公众有价值的信息,然后吸引公众注意力并参与讨论,再后让公众与城市产生联系,最后提取有价值的意见进行城市改善并回复,形成互动,让公众感觉城市建设也有他们的一份功劳。其二,通过活动手段扩展宣传力度。例如城市品牌官方微博抽奖、关注转发有奖等手段。

4.将美誉度扩展到认知度

获得广泛的认知度就需要借助传统媒体进行传播,播放宣传片、城市广告等,利用传统媒体的优势,覆盖更多的受众,为城市品牌形象的宣传持续加力。

5.打造全国的知名度。

互联网的作用不可小视,但要做到全国闻名,就必须依靠全国知名媒体的参与,例如中央电视台、著名的报纸杂志等媒体平台,同时,需要线上线下的结合,打造有影响力的城市品牌形象。城市品牌覆盖到全国,成为一个具有影响力的城市品牌形象。

我们在评价一座城市时,最早是从它的经济实力开始,注重的是城市的经济、GDP的增长和城市的快速发展。我们一直用这样的态度面对城市的发展,城市的建设发展一直是围绕"建城"而忽略了"人"的存在,这些偏差经过30多年发展积累,致使城市出现各种各样的弊端,如城市高楼大厦林立、环境污染、城市克隆现象频现、交通拥挤现象、市场混乱、垃圾问题难以解决等。经济的快速发展会造成城市经济架构和社会架构的变化,而城市经济的发展和城市居民收入的提高并没有正相关的关系,一味地发展经济,只会弱化城市的竞争力。对于一座处于变革时期的城市来说,城市品牌、城市定位、城市形象对城市发展越来越重要。科学地进行城市空间的优化组合,树立良好城市的视觉形象,决策者的规划基于城市的文化脉络,管理者尽快完善监督体系,设计师要尊重地方历史文化,群众要积极参与到城市建设中来。

  中国的城市建设者面对发展的态度应该转变,关注地不该仅仅是数字的变化,更多地放到城市的整体规划和长远发展上来,积极促进城市品牌形象的塑造,向着更加适宜居住的方向发展。值得欣慰的是,我国经历了"建城"的结果教训后,部分城市已经开始围绕"人"来建设城市,开始明了城市的建设最终是要为"人"提供服务的终极目的,思想与境界的转变为我国城市品牌形象的塑造揭开了新的篇章,但在对"人"关注度方面,还要向公众需求导向思维转变,真正做到"为人民服务"。

REFERENCES 参考文献

[1]董慧,李家丽.城市、空间与生态:福柯空间批判的启示与意义[J].世界哲学,2018(05):29-37.

[2]董晓峰.城市形象研究的兴起[J].西北史地,1999(03):5-8.

[3]冯占军,张清.品牌定位:市场营销的战略制高点[J].中国商办工业,1999(11):26-27.

[4]黄琳.5G时代视觉传播语境下城市形象传播的范式革新[J].四川轻化工大学学报(社会科学版),2020,35(06):84-100.

[5]李迅,李冰,赵雪平,等.国际绿色生态城市建设的理论与实践[J].生态城市与绿色建筑,2018(02):34-42.

[6]林宁,李凌.我国城市体育文化与城市文化的相容性分析[J].广州体育学院学报,2017,37(04):48-52.

[7]刘笑男,倪鹏飞.中国大中城市竞争力的耦合协调度分析[J].河北经贸大学学报,2019,40(02):57-64.

[8]卢泰宏."名牌"一词使用中的缺陷与问题[J].品牌研究,2016(01):4-5.

[9]罗纪宁,侯青.城市文化系统结构与城市文化品牌定位[J].城市观察,2015(06):20-28.

[10]乔均.中国城市品牌[J].品牌,2001(10):9-16.

[11]沈木珠.可持续发展原则与应对全球气候变化的理论分析[J].山东社会科学,2013(01):164-168.

[12]孙湘明,成宝平.城市符号的视觉语义探析[J].中南大学学报(社

会科学版),2009,15(06):795-800.

[13]谭新政,褚俊.企业品牌评价与企业文化建设研究报告[J].商品与质量,2012(28):7-30.

[14]王璐,郑刚强,邓雨薇.企业识别系统(CIS)设计理念与方法研究[J].科技创业月刊,2017,30(17):91-94.

[15]王晓丹.符号化的城市印象——探究"视觉符号"与城市品牌形象的关系[J].艺术与设计(理论),2012,2(10):39-41.

[16]谢华锋.如何构建信任增值,实现品牌溢价[J].声屏世界·广告人,2018(08):126-127.

[17]杨礼茂,程晓珂,李文静.城市品牌建设研究综述[J].价值工程,2016,35(28):229-234.

[18]于宁.城市品牌定位研究[J].市场营销导刊,2007(Z1):49-53.

[19]张鸿雁.中国城市化进程中的社会"解构"与"结构"——新城市社会学的视角[J].社会科学,2012(10):77-87.

[20]张明,程盈.城市视觉形象设计的美学思考[J].雕塑,2016(06):64-65.

[21]张宪荣.现代设计辞典[M].北京:北京理工大学出版社,1998:249.

[22]张燚,张锐.城市品牌论[J].管理学报,2006(04):468-476.

[23]赵敏婷,黄小月.CIS理论下的西安城市品牌构建研究[J].美与时代(城市版),2021(09):90-91.

[24]朱一.生命场地——略论社区景观的美学内涵[J].艺术百家,2010,26(S2):131-134.